Hülsenfrüchte

Erbsen, Linsen und Bohnen

Schwäbisches Bauernhofmuseum Illerbeuren

Druckerzeugnisse des Schwäbischen Bauernhofmuseums Illerbeuren 16
herausgegeben von Otto Kettemann

Fotografien: Tanja Kutter (Schwäbisches Bauernhofmuseum)
Die Rezepte auf den Seiten 92, 95, 96, 98 und 102 stammen von Monika Zeller (Schwäbisches Bauernhofmuseum)

Eine Einrichtung von Bezirk Schwaben, Landkreis Unterallgäu und Heimatdienst Illertal e.V.

ISBN 3-931915-06-9
Gesetzt aus der Stempel-Garamond, gedruckt auf chlorfrei gebleichtem Papier
Druck und Herstellung: Memminger Zeitung Verlagsdruckerei GmbH, Memmingen

Karin Götz

Hülsenfrüchte. Erbsen, Linsen und Bohnen

Kulturpflanze des Jahres 2001 im Bauernhofmuseum

Kronburg-Illerbeuren 2001

Vorwort ... 7

BOTANIK

Hülsenfrüchte ... 9

KULTURGESCHICHTE

Die Erbse *(Pisum sativum)* ... 15
Die Linse *(Lens culinaris)* ... 25
Die Puffbohne *(Vicia faba)* ... 30
Die Gartenbohne *(Phaseolus vulgaris)* ... 36
Die Feuerbohne *(Phaseolus coccineus)* ... 43
Sonstige »Bohnen« ... 46

VOLKSGLAUBE UND BAUERNREGELN

»... gut für vielerlei Dinge« ... 49
Bauernregeln und Aussaatbräuche ... 54

KULTURANLEITUNGEN

Die Erbse ... 59
Die Linse ... 62
Die Puffbohne ... 64
Die Gartenbohne ... 66
Die Feuerbohne ... 70

SORTENBESCHREIBUNGEN

Schalerbsen ... 71
Markerbsen ... 73
Zuckererbsen ... 75
Linsen ... 76
Puffbohnen ... 77
Buschbohnen ... 79
Stangenbohnen ... 83
Feuerbohnen ... 86

REZEPTE

Vorspeisen und Suppen
Lauwarmer Linsensalat 87
Croûtons mit Bohnencreme und Speck 88
Linsencremesuppe 90
Erbsensuppe 91
Serbische Bohnensuppe 92
Hauptgerichte
Dicke Bohnen mit Speck 93
Bohneneintopf mit Nudeln 94
Chinakohlröllchen, gefüllt mit roten Linsen . 95
Bohnengulasch 96
Linsen mit Spätzle 97
Linsenküchle 98
Beilagen und Sonstiges
Erbsenpüree 99
Bohnengratin 100
Gemüse aus frischen Bohnenkernen 101
Bohnenbündel im Speckmantel 102
Linsengemüse 102

ANHANG

Anmerkungen 103
Literaturverzeichnis 108

Veröffentlichungen des Schwäbischen
Bauernhofmuseums Illerbeuren 111

Das Projekt »Kulturpflanze des Jahres im Bauernhofmuseum« findet bei den Museumsbesuchern und den Lesern des zugehörigen Büchleins regen Zuspruch, der in diesem Ausmaß nicht unbedingt zu erwarten war. Das positive Echo bestärkt uns bei der Fortführung des Projektes.

Im vergangenen Jahr war »Allium. Die Küchenzwiebel und ihre Verwandten« unser Thema, heuer sind es die Hülsenfrüchte, also Erbsen, Linsen und Bohnen. Wieder sind auf einem Musterfeld über 60 Sorten der Kulturpflanzen angebaut. Linsen, Pferde- oder Saubohnen und Erbsen waren bis weit ins 20. Jahrhundert auch Ackerfrüchte. Und so sind auf einem Acker die ehemals im Feldbau benutzten Sorten zu sehen.

Als Rankhilfen wurden wie in früheren Zeiten Materialien aus dem Wald benutzt, also Buchenreisig und naturbelassene Tannenbäumchen und -stangen, wie sie beim Auslichten von jungen Aufforstungen anfallen.

Bei der Gestaltung des vorliegenden Buches folgten wir der Aufmachung des letztjährigen, so daß im Lauf der Jahre eine einheitliche Reihe entstehen kann. Zur Bebilderung wählten wir wieder ausschließlich ältere Zeichnungen und Schnitte, die besser als Fotos das Charakteristische der Pflanzen hervorheben.

Die Beschaffung des Saatgutes und die Planung der Aussaat besorgte das Büro »Gruppe 2« in Illertissen, Wolfgang E. Hundbiss und Karin Götz. Letztere verfaßte auch die vorliegende Veröffentlichung. Die gärtnerische Betreuung der Pflanzen liegt in Händen von Frau Sandra Schober und ihren HelferInnen von den Regens-Wagner-Werkstätten in Lautrach. Ihnen allen sei für ihr großartiges Engagement herzlich gedankt.

Otto Kettemann
Museumsleiter

Hülsenfrüchte

Der Begriff Hülsenfrüchte (eigentlich Hülsenfrüchtler) oder Leguminosen beinhaltet im botanischen Sinn je nach Auffassung verschiedener Autoren entweder die unter der Ordnung *Fabales* zusammengefassten eigenständigen Familien *Mimosaceae*, *Caesalpiniaceae* und *Fabaceae* oder aber die Familie der *Leguminosae*, die in drei entsprechende Unterfamilien gegliedert wird.[1] Die Bezeichnung *Leguminosae* leitet sich von dem lateinischen Verb *legere* ab, das sammeln oder lesen bedeutet und bezieht sich auf das Abpflücken der Hülsen bei der Ernte.[2]

Die Samen der Hülsenfrüchtler sind in der Regel nicht nur stärkereich, sondern weisen auch einen sehr hohen Eiweißgehalt auf. Diese innerhalb des Pflanzenreichs ungewöhnliche Eigenschaft macht die Leguminosen zu besonders wertvollen Nahrungsmitteln. Außerdem besitzen die Pflanzen die Fähigkeit, mittels Symbiose mit bestimmten Bakterien Luftstickstoff zu binden und in Knöllchen an den Wurzeln zu speichern. Dadurch stellen sie ihre eigene Stickstoffversorgung sicher und wirken bodenverbessernd für nachfolgende Kulturen. Der gespeicherte Stickstoff wird aller-

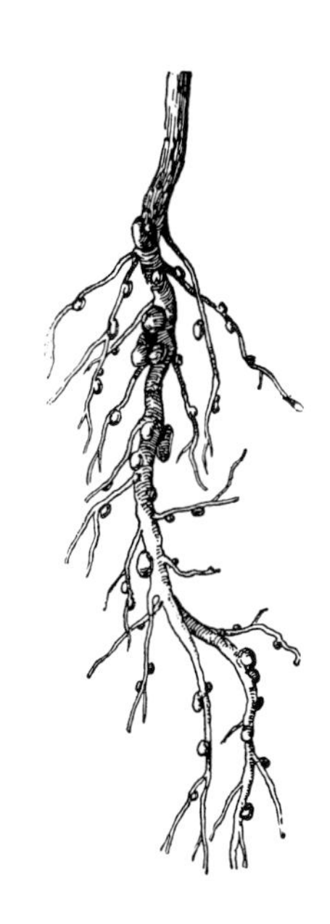

Erbsenwurzel mit Wurzelknöllchen. Aus: Otto Schmeil: Lehrbuch der Botanik, S. 133.

dings bei der Samenreife weitgehend aufgezehrt. Zur Gründüngung sollten Leguminosen daher spätestens bei Erscheinen des ersten Hülsenansatzes gemäht und untergegraben werden.[3] Schon in der Antike war diese Wirkung bekannt. So schreibt Plinius in seiner Naturkunde über die Ackerbohne: »Den Boden, in den sie gesät wurde, macht sie wie Dünger fruchtbar. Deshalb pflügt man in der Gegend von Makedonien und Thessalien, wenn sie zu blühen begonnen hat, die Felder um.«[4] Bei Columella heißt es: »Der Boden stärke sich durch Abwechselung mit Lupinen, Bohnen, Wicken, Erven, Linsen, kleinen Kichern und Erbsen.«[5]

Innerhalb der Leguminosen besitzen die Schmetterlingsblütler (*Fabaceae*, früher *Papilionaceae*) besondere Bedeutung für die Hervorbringung von Nutzpflanzen. Zu ihnen gehören nicht nur die hier behandelten Fruchtgemüse Erbsen, Linsen und Bohnen, sondern auch zahlreiche wertvolle Futterpflanzen für die Viehwirtschaft wie Lupinen, Wicken, Klee und Luzerne. Weltweit werden den Schmetterlingsblütlern über 400 Gattungen mit rund 10.000 Arten zugeordnet, deren Hauptverbreitungszentrum innerhalb der gemäßigten Zonen liegt. Wie der deutsche Name bereits andeutet, ist ihr auffälligstes gemeinsames Merkmal der Bau der Blüte, deren Krone an die Form eines Schmetterlings erinnert. Von den insgesamt fünf Kronblättern ist das oberste meist vergrößert und bildet die sogenannte Fahne. Die beiden seitlichen sind oft mit Lappen oder Öhrchen versehen und werden als Flügel bezeichnet, während die beiden untersten zu einem Schiffchen verbunden sind, das die Staubblätter und Fruchtanlagen umschließt. Aus letzteren bilden sich Früchte in Form einer Hülse, Gliederhülse oder Nuss, wie beispielsweise bei der Erdnuss, die ebenfalls zu den Schmetterlingsblütlern gehört.[6]

Die wichtigsten in Mitteleuropa angebauten Kulturarten für die menschliche Ernährung sollen im Folgenden näher vorgestellt werden. Dies sind Erbse (*Pisum sativum*), Puff-, Acker- oder Dicke Bohne (*Vicia faba*), Gartenbohne (*Phaseolus vulgaris*), Feuerbohne (*Phaseolus coccineus*), die vor allem in kühlfeuchten Klimaregionen an Stelle der empfindlicheren gewöhnlichen Gartenbohne kultiviert wird und Linse (*Lens culinaris*), die noch bis zum Anfang des 20. Jahrhunderts eine auch in Deutschland verbreitet angebaute Hülsenfrucht war.

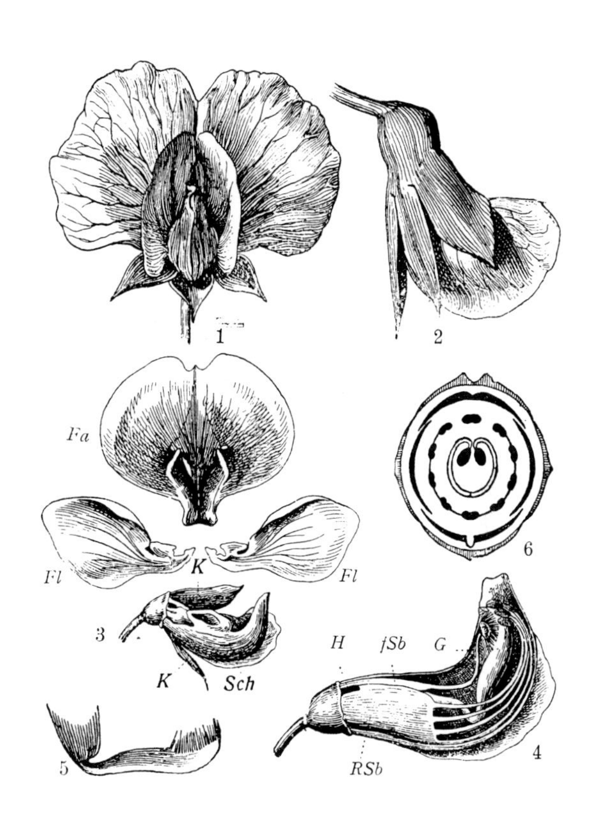

Blütenaufbau der Schmetterlingsblütler, dargestellt am Beispiel der Erbsenblüte. Aus: Otto Schmeil: Lehrbuch der Botanik, S. 134.

Erbse *Pisum sativum* und Erbsenkäfer *Bruchus pisorum*

Linse *Lens culinaris*

Morphologisch-anatomische Darstellungen aus: Gustav Hegi: Illustrierte Flora von Mitteleuropa, Bd. IV, Teil 3, S. 1612, 1503.

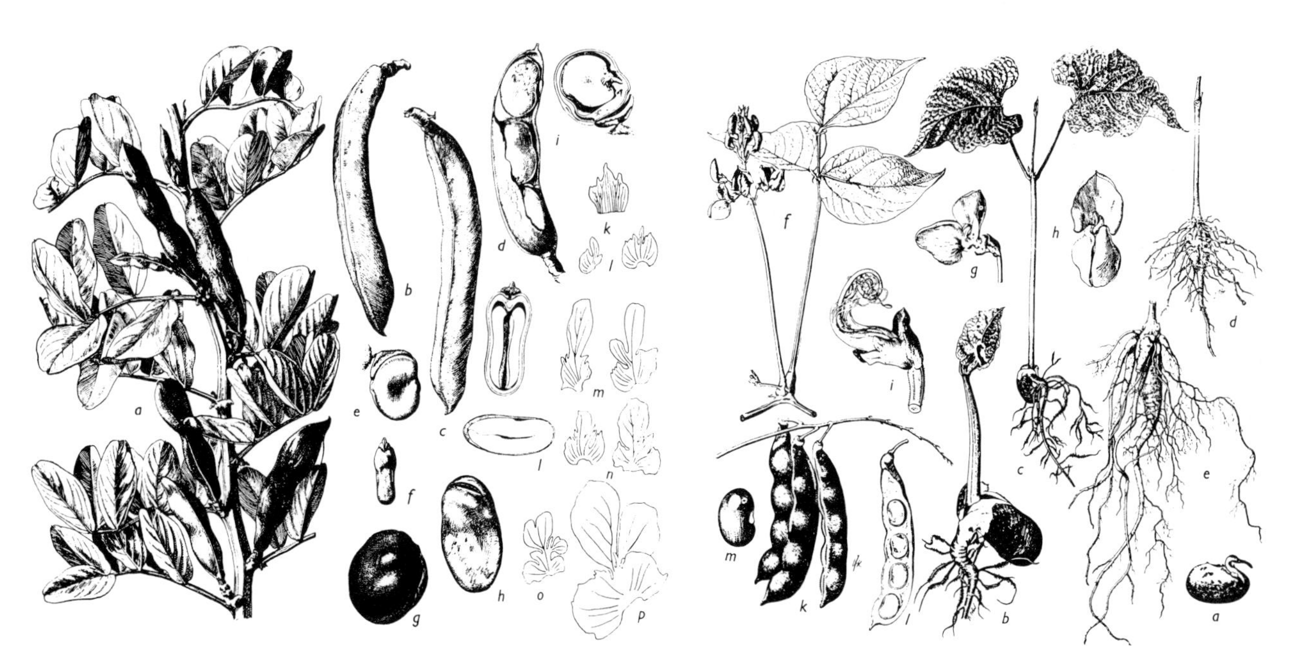

Puff-, Acker- oder Dicke Bohne *Vicia faba*

Feuerbohne *Phaseolus coccineus*

Morphologisch-anatomische Darstellungen aus: Gustav Hegi: Illustrierte Flora von Mitteleuropa, Bd. IV, Teil 3, S. 1558, 1637.

Gartenbohne *Phaseolus vulgaris*

Morphologisch-anatomische Darstellung aus: Gustav Hegi: Illustrierte Flora von Mitteleuropa, Bd. IV, Teil 3, S. 1630.

DIE ERBSE (*PISUM SATIVUM*)

Bis um 7000 v.Chr. reichen die frühesten Funde von kultivierten Formen der Erbse zurück. Dies belegen Pflanzenreste, die bei Grabungen im östlichen Taurus in der heutigen Türkei geborgen wurden. Sie unterscheiden sich von der im Gebiet vorkommenden, eng verwandten Wildart *Pisum humile* mit rauer Samenschale, die als Stammform gilt, durch eine glatte Oberfläche der Samen.[7] Zusammen mit der für den gleichen Zeitraum nachgewiesenen Linse und den Getreidearten Einkorn, Emmer und Gerste gehört die Erbse somit zu den frühesten Kulturpflanzen der Alten Welt. Über den östlichen Mittelmeerraum, wo eine zweite als Stammform angesehene Wildart, nämlich *Pisum elatius* heimisch ist, und die Balkanländer gelangte sie im Zuge der Ausbreitung der Ackerbaukultur durch die sogenannten Bandkeramiker bereits in der ältesten Periode der Jungsteinzeit nach Mitteleuropa. Der Beginn dieser Epoche wird (nach den dendrochronologisch korrigierten ^{14}C-Daten[8]) etwa auf die zweite Hälfte des 6. vorchristlichen Jahrtausends datiert. Weniger schnell erfolgte die Ausbreitung der Erbsenkultur in den westlichen

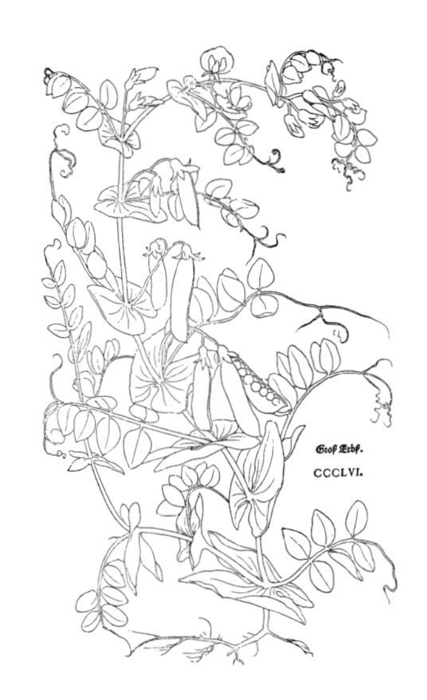

Die Gartenerbse. Aus: Leonhart Fuchs: New Kreuterbuch, Abb. CCCLVI.

Mittelmeerraum. Im heutigen Italien tauchte sie gegen Ende der Jungsteinzeit auf, in Spanien und Portugal während der Bronzezeit.[9]

Im alten Ägypten scheint die Erbsenkultur nicht verbreitet gewesen zu sein. Vereinzelte Funde von Samenresten stammen erst aus der Spätzeit (712-332 v.Chr.) oder der griechisch-römischen Epoche (332 v.Chr.-395 n.Chr.). Auch ist kein hieroglyphischer Name für die Erbse bekannt.[10]

Unter den Bezeichnungen *písos* bzw. *píson* (griechisch) und *pisum* (lateinisch), die auf ein Lehnwort unbekannter Herkunft zurückgehen[11], wird die Erbse mehrfach in den schriftlichen Quellen der griechisch-römischen Antike erwähnt, so bei Theophrast, Varro, Columella und Plinius. Doch »die Nachrichten über das *pisum* der Alten fließen sehr spärlich«, wie schon Fischer-Benzon beklagt.[12] Magerstedt stellt in seinem Werk »Der Feldbau der Römer« fest: »Es ist bemerkenswert, dass diese düngende Frucht in Italien nicht stark angebaut, von den römischen Schriftstellern selten, von Dioskorides gar nicht erwähnt wird.«[13] Immerhin kann ihr Anbau in der Antike als sicher gelten, denn Plinius bemerkt ausdrücklich: »Die Erbse muß man an sonnigen Stellen ansäen, da sie die Kälte sehr schlecht verträgt. Man sät sie deshalb in Italien und in rauherem Klima nur im Frühling in einen leichten und lockeren Boden.«[14] Funde aus römischen Gutshöfen und Kastellen im heutigen Baden-Württemberg und am Niederrhein bestätigen die Erbsenkultur auch für die Nordprovinzen des Römischen Reiches.[15]

Bohnen-, Erbsen- und Linsenfelder werden in den ältesten Fassungen der Salfränkischen Gesetze (Pactus legis Salicae, 6. Jahrhundert) erwähnt.[16] In der Landgüterverordnung Karls des Großen (um 800 n.Chr.) tauchen Erbsen erstmals ausdrücklich als Gartenpflanzen auf. Im 70. Kapitel, das mit dem Satz beginnt: »Wir wollen, dass sich in den Gärten alle die nachgenannten Gewächse befinden: ...« werden auch *pisos mauriscos* aufgeführt, die bei Brandsch mit »Türkische Erbsen« übersetzt sind[17], eine Bezeichnung, die häufig mit den sogenannten »Kronenerbsen« gleichgesetzt wird. Fischer-Benzon hält sie dagegen für Kapuzinererbsen, die sich von den gewöhnlichen Kulturformen durch purpurfarbene Blüten und oft braun gefärbte Samen unterscheiden.[18]

Nicht genannt sind Erbsen in den beiden anderen wichtigen frühmittelalterlichen Quellen zur Gartenkultur, dem St. Gallener Klosterplan und dem Gartengedicht »Hortulus« des Reichenauer Abtes Walahfried Strabo. Man darf wohl annehmen, dass sie zur damaligen Zeit vorwiegend als Feldfrucht kultiviert wurden. Auch haben sie in der antiken und mittelalterlichen Medizin keine wesentliche Rolle gespielt, so dass ihr Anbau in den Klostergärten, die doch in erster Linie Heilkräutergärten waren, möglicherweise nicht für notwendig erachtet wurde. In der Physica der heiligen Hildegard von Bingen steht über *pisa* zu lesen: »Bei Krankheiten, sie mögen heißen wie immer, schaden Erbsen. Sie haben nicht die Fähigkeit, das Krankmachende auszutreiben. Nur den Menschen, die schwache Eingeweide haben, wird es besser gehen, wenn sie oft eine warme Erbsensuppe schlürfen.«[19] Erst zu Beginn der Neuzeit scheint die Erbse in dieser Hinsicht größere Bedeutung erlangt zu haben. Leonhart Fuchs, noch ganz in antiker Tradition befangen, schreibt: »Die Erweyssen haben fast ein gleiche substantz mit den Bonen / doch bläen sie nit wie dieselbigen / seubern auch nit / darumb sie langsam under sich tringen. So vil würckung haben die allten den Erbsen zugeschriben unnd nit mehr.« Er fährt dann fort: »Darumb sehen die newen ärtzt zu / die ihnen vil mehr krafft und würckung zuschreiben dan wir jetzund erzelt haben / wie sie solches mit schrifft vertädingen und verantworten wollen.«[20] Diese neuen Anwendungen finden wir dann bei Tabernaemontanus näher beschrieben. Eine Brühe von Erbsen und Petersilienwurzel empfiehlt er »den Kindbetterinnen ... zu Außführung der übrigen Unreinigkeit durch den Harn ...«. Er rät zum äußerlichen Gebrauch von Erbsensud gegen den »fliessenden Grind«, bei der »Geschwulst des männlichen Gliedes« und zu »allen faulen fliessenden Sachen.« Zur Linderung der Schmerzen bei Entzündung der Glieder vermische man zerstoßene, unzeitige Erbsen samt Blättern mit einem Eiweiß und »legs über«. Weniger naturwissenschaftliche Erkenntnis, als vielmehr tiefverwurzelter Aberglaube liegt wohl folgender Anmerkung zugrunde: »Etliche halten / wann man die Wartzen / ein jeden mit einer sondern Erbs anrühre / auf die Stund wann der Mond neu wird / und dieselbige alle in ein Tüchlein binde / hindersich werffe / sollen die Wartzen abfallen.«[21]

Während Fuchs lediglich zwischen großen Gartenerbsen und kleinen Felderbsen unterscheidet, finden wir bei Tabernaemontanus »bleichgelbe« und »schwartze« Felderbsen sowie große Erbsen mit runden und sogenannte Faselerbsen mit »viereckechten« Körnern. Besonders interessant ist ein »neues Geschlecht« der Gartenerbsen, »da man die Schötlein sambt den Erbsen / weil sie noch groß sind / isset: welches erstlich soll aus der Littau von Vilna gebracht worden seyn.«[22] Tatsächlich scheint in den Beschreibungen des Tabernaemontanus die heute übliche Einteilung der Gemüseerbsen in Schalerbsen mit rundem Korn, Markerbsen mit geschrumpftem, runzligem Korn und Zuckerbsen mit essbaren Hülsen, die keine Pergamentschicht an der Innenseite ausbilden[23], bereits vorweggenommen. Auch Johann Sigismund Elßholtz nennt in seinem Werk »Vom Garten=Baw« unter den Gartenerbsen neben runden und eckigen »Stabel-Erbsen« die »dünnschalige Erbsen / Erbsen ohn Schalen / Zuckerschoten«, außerdem die »Traubel-Erbsen«[24], die auch bei Tabernaemontanus unter der Bezeichnung »Büschel-Erbsen« in einem Holzschnitt abgebildet sind und sich durch einen endständigen, traubenartigen Fruchtstand auszeichnen. Sie entsprechen den Kronenerbsen, die noch bis ins 20. Jahrhundert hinein als Sorte beschrieben wurden.[25] Als Besonderheit werden bei Elßholtz die »Erweten van Gratie« oder *pisa gratiosa Babeji* genannt, die »im Jahre 1659, den 22. August bekand und gemein gemacht worden durch Jan Babel Adrians Bürgern im Haag ... Das sonderbare an ihnen ist / dass sie keiner Stäbeln benöthiget / sondern kurtz an der Erden

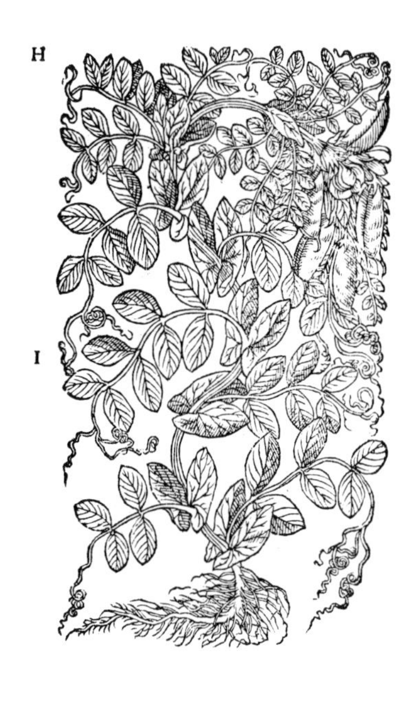

Büschel=Erbsen

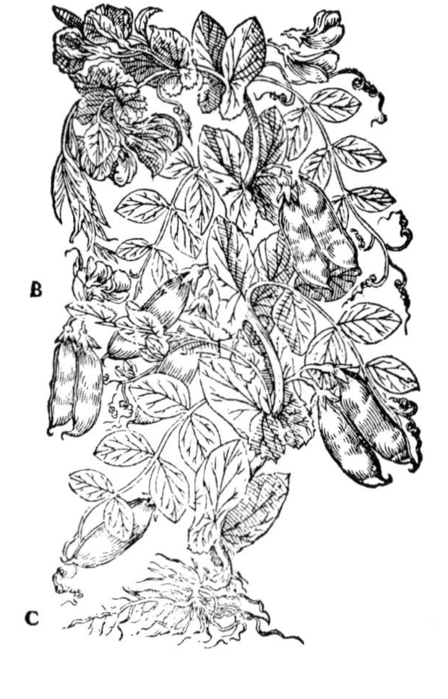

Faseln Erbsen

Verschiedene Darstellungen der Erbse aus: Jacobus Theodorus Tabernaemontanus: Neu vollkommen Kräuter=Buch, S. 882 f.

Klein Erbsen

Klein Feld=Erbsen

Verschiedene Darstellungen der Erbse aus: Jacobus Theodorus Tabernaemontanus: Neu vollkommen Kräuter=Buch, S. 883.

wachsen / und dennoch viel Frucht tragen / welche ist ohn Pergament / groß und etwas runtzelich / gut vom Geschmack und Nahrung.«[26] An Felderbsen werden aufgezählt: »von Farben ... gelb / oder weißlicht / zuweilen graulicht / blaulicht / oder schwartz: insonderheit ist angenehm diejenige Art / welche ihre grünliche Farbe behalten / wan sie schon trucken werden: dienen deswegen zur Zier an einige Speisen im Winter und bey mangel der frischen.«[27]

Aus dieser Handvoll unterschiedlicher Formen entstand im Laufe der folgenden Jahrhunderte eine große Vielfalt an Kulturvarietäten: 102 Sorten beschreibt Alefeld in seiner »Landwirtschaftlichen Flora« von 1866.[28] Bei Vilmorin-Andrieux (1885) sind es 170 Sorten, wovon lediglich sechs den Ackererbsen zugeordnet werden.[29] Die vom Bundessortenamt 1993 herausgegebene Sortenliste für Hülsenfrüchte enthält noch immer 100 Erbsensorten, obgleich längst nicht alle über den Samenhandel angebotenen Sorten erfasst sind.[30]

Die früher übliche Unterscheidung zwischen Acker- und Gartenerbsen (botanisch *Pisum sativum* subsp. *arvense* und subsp. *hortense*) wird heute übrigens nicht mehr vorgenommen. Auch die oben erwähnten Wildarten *P. humilis* und *P. elatior* gelten nach der neueren Klassifikation nicht als eigenständige Spezies, sondern als Unterarten von *Pisum sativum*, wobei dann auch die Gemüseerbse korrekterweise als Unterart, nämlich *Pisum sativum* subsp. *sativum* zu benennen ist. Als sogenannte Convarietäten werden ihr drei Sortengruppen zugeordnet: Schalerbsen (*Pisum sativum* subsp. *sativum* convar. *sativum*) mit in der Regel glatten, runden Samen, die grün oder als Trockenkocherbsen verwendet werden können; Markerbsen (*Pisum sativum* subsp. *sativum* convar. *medullare*) mit geschrumpften, runzligen Samen, die aufgrund einer speziellen Struktur der enthaltenen Stärkekörner als Trockenerbsen nicht weich kochen und daher nur in grünem Zustand, frisch, tiefgefroren oder als Nasskonserve verwendet werden; Zuckererbsen (*Pisum sativum* subsp. *sativum* convar. *axiphium*) mit Hülsen, die an der Innenseite keine Pergamentschicht ausbilden und im grünen Zustand zusammen mit den noch wenig entwickelten Samen verzehrt werden.[31]

Erwähnt seien noch Kicher- und Spargelerbsen. Die Kicher oder Ziser (*Cicer arietinum*) ist eine sehr wärmebedürftige, im Mittelmeerraum und im Orient seit Jahrtausenden angebaute Kulturpflanze, deren reife Samen ähnlich wie Trockenerbsen in der Küche verwendet oder geröstet wie Nüsse gegessen werden. Im 19. Jahrhundert wurde sie, vor allem als Kaffeesurrogat, auch in den wärmeren Regionen Deutschlands versuchsweise angebaut. Sehr selten und unbeständig tritt sie in Baden-Württemberg noch stellenweise als Adventivpflanze auf.[32]

Die Kichererbse. Morphologisch-anatomische Darstellung aus: Gustav Hegi: Illustrierte Flora von Mitteleuropa, Bd. IV, Teil 3, S. 1500.

Die Spargelerbse (*Tetragonolobus purpureus* oder *Lotus tetragonolobus*) wird im Mittelmeerraum und in England häufiger, in Mitteleuropa nur vereinzelt als Liebhaberpflanze in Gemüsegärten oder als Zierpflanze kultiviert. Die jungen Hülsen lassen sich wie Zuckererbsen zubereiten; reife, geröstete Samen wurden früher als Kaffeebohnenersatz verwendet.[33]

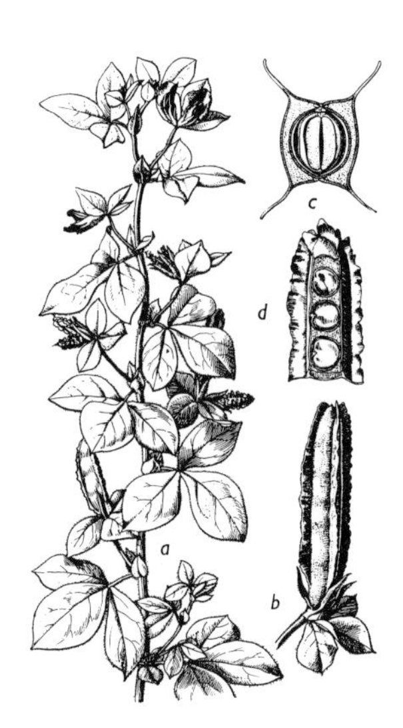

Die Spargelerbse. Morphologisch-anatomische Darstellung aus: Gustav Hegi: Illustrierte Flora von Mitteleuropa, Bd. IV, Teil 3, S. 1375.

Die Linse (*Lens culinaris*)

Die Geschichte der Domestikation der Linse gleicht in vieler Hinsicht derjenigen der Erbse, »... doch mit dem Unterschied, dass Linsen in den ältesten Zeitabschnitten an den meisten Stellen früher genutzt und auch mengenmäßig bevorzugt worden sind.«[34] Als Stammformen gelten die vom Mittleren Orient bis in die Türkei und ins südliche Griechenland vorkommende Orientalische Linse (*Lens orientalis*) und die Schwarzwerdende Linse (*Lens nigricans*) mit vorwiegend westmediterranem Verbreitungsgebiet, das im Osten bis in die Türkei, nach Syrien und Israel ausstrahlt. Die frühesten archäologischen Funde, die auf den Beginn einer Kultivierung hindeuten, liegen im Bereich von *Lens orientalis*. Von allen Wildlinsenarten weist sie die größte Ähnlichkeit mit der heutigen Kulturlinse auf.[35]

Wie die Erbse gelangte die Linse mit den frühesten Ackerbaukulturen über den Balkan nach Mitteleuropa. Fundstellen aus der älteren Jungsteinzeit gibt es bei Regensburg, im mittleren Neckarland, im Niederrheingebiet und in Thüringen.

Die Linse. Aus: Jacobus Theodorus Tabernaemontanus: Neu vollkommen Kräuter=Buch, S. 888.

Während des Mittelneolithikums taucht sie erstmals in den Ufersiedlungen im schweizerischen Alpenvorland auf. Insgesamt ist sie im Vergleich zur Erbse jedoch weniger häufig. Von der Bronzezeit bis in die vorrömische Eisenzeit breitet sich der Linsenanbau in Mitteleuropa weiter aus. Besonders aus der Hallstattzeit (etwa 800 bis 500 v.Chr.) liegen bedeutende Funde vor, beispielsweise auch von der Heuneburg auf der Schwäbischen Alb.[36]

Im Mittelmeerraum wurde die Linse bald zu einer wichtigen Nahrungspflanze. In Ägypten ist ihr Gebrauch seit vorgeschichtlicher Zeit (etwa 4500 bis 2650 v.Chr.) belegt.[37] Sie fand als Grabbeigabe zur Versorgung der Toten im Jenseits Verwendung, wie u. a. durch die Grabungsfunde von Dra Abu el Nega (XII. Dynastie, 1991-1783 v.Chr.) nachgewiesen ist.[38] Auch dem jüdischen Volk war die Linse seit Alters her bekannt. Verschiedentlich wird sie im Alten Testament erwähnt. »Der Erzvater kochte einen Linsenbrei, und so köstlich war diese Speise, dass der ältere Sohn dafür dem jüngeren das Recht der Erstgeburt verkaufte. Und den David, da er in der Wüste verweilte, versehen seine Freunde, ausser anderen Lebensmitteln auch mit Linsen«.[39] Im antiken Griechenland war die Pflanze unter dem Namen *phakós* bekannt. Sie galt vor allem als Speise des niederen Volkes. Bei Aristophanes heißt es: »Jetzt, wo er reich geworden ist, mag er Linsen nicht mehr; früher, da er noch arm war, aß er, was ihm vorkam.«[40] Die Römer kannten den Brauch, Linsen »... zu Trauerspeisen zu verwenden und mit Salz den Todten darzubringen.«[41] Über ihre medizinischen Anwendungen berichtet Plinius d. Ä. in seiner Naturkunde: Als Speise »... vermindert sie zwar die Sehschärfe und bläht den Magen auf, stillt aber ... den Durchfall.«[42] Äußerlich angewendet wurde sie bei Geschwüren und Eiteransammlungen aller Art, bei Augenkatarrh, Skrofeln und geschwollenen Drüsen, brandigen Stellen, Fußgicht und Frostbeulen. In Metwasser zerkocht legte man sie auf Gebärmutter und Nieren. Bei Magenschwäche sollte man dreißig Linsenkörner verschlucken, auch streute man sie auf Getränke. Sie half bei Blattern, Wundrose und bei Verbrennungen, störte jedoch den Schlaf und nützte nichts bei Lungenerkrankungen, Kopfschmerz, Sehnenleiden und Erkrankungen der Galle.[43] Zwei verschiedene Linsenarten waren den Schriftstellern der Antike bekannt: »Die eine ist runder und schwärzer, die andere hat die gewöhnliche Form ...«.[44] Der lateinische Name *lens* geht, wie auch das verwandte althochdeutsche *linsa* und das slawische *leća*, wahrscheinlich auf eine gemeinsame vorindogermanische Wurzel zurück. Für das Germanien der Römerzeit ist der Linsenanbau sowohl für die besetzten, als auch für die freien Gebiete belegt. Insgesamt tritt er jedoch im Vergleich mit anderen Hülsenfrüchten allmählich in den Hintergrund.[45]

Die Linse ist im Wesentlichen immer eine typische Feldfrucht gewesen. Als solche wird sie in den Salfränkischen Gesetzen erwähnt (s. vorstehendes Kapitel), fehlt jedoch in den frühmittelalterlichen Quellen zur Gartenkultur (Capitulare, St. Gallener Klosterplan und Hortulus). »Die Linsen werden in äckern auffgezogen ...«[46],

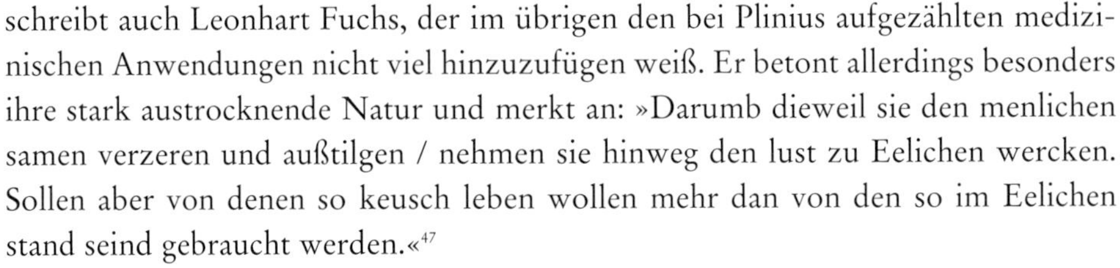

schreibt auch Leonhart Fuchs, der im übrigen den bei Plinius aufgezählten medizinischen Anwendungen nicht viel hinzuzufügen weiß. Er betont allerdings besonders ihre stark austrocknende Natur und merkt an: »Darumb dieweil sie den menlichen samen verzeren und außtilgen / nehmen sie hinweg den lust zu Eelichen wercken. Sollen aber von denen so keusch leben wollen mehr dan von den so im Eelichen stand seind gebraucht werden.«[47]

Für das 17. Jahrhundert ist die Linse auch als Gartenpflanze belegt. So unterscheidet Elßholtz in seinem Werk »Vom Garten=Baw« zwischen kleinen Acker- und großen Gartenlinsen, die »jedoch bey uns wenig ... gebauet [werden].«[48] Gebräuchlicher war ihre gärtnerische Kultur dagegen in Frankreich. Im »Taschenbuch des verständigen Gärtners«, der deutschen Übersetzung von Pirolles »Le Bon Jardinier« von 1821/22, ist über die Linse vermerkt: »Sie wird bei Paris häufig angebauet, so wohl in Gärten mitten unter anderen Gemüsepflanzen busch- oder reihenweise, als im Felde ...«[49]. In Deutschland lag der Schwerpunkt der Linsenkultur vom Hochmittelalter bis ins 19. Jahrhundert in den Mittelgebirgen und Lößregionen. In Württemberg wurden Linsen häufig im Gemenge mit Getreide angebaut, als Winterfrucht mit Roggen oder Dinkel und als Sommerfrucht mit Gerste. Diese »Laisegerscht«, die auch für die Schwäbische Alb typisch war, wurde als Gemisch vermahlen und zur

Die Linse. Aus: Leonhart Fuchs: New Kreuterbuch, Abb. CCCCXCIIII.

Brotherstellung verwendet.[50] Im späten 19. Jahrhundert ging der Linsenanbau in Deutschland stark zurück. Fruwirth beziffert die Anbaufläche für das Jahr 1878 mit 39.900 ha, für 1900 nur noch mit 19.000 ha.[51] Heute darf er, abgesehen von »... kleinerem Anbau in Franken, Hessen und Thüringen«[52], als weitgehend erloschen gelten.

An dieser Stelle soll kurz auf eine weitere alte Kulturpflanze eingegangen werden, die Linsenwicke (*Vicia ervilia*), auch Wicklinse oder Steinlinse genannt. Sie wird vor allem im Mittelmeerraum und in Vorderasien als Grünfutter oder zur Körnergewinnung für die Viehwirtschaft angebaut. In geringerem Maße dient sie, als Suppengemüse oder zu Mehl vermahlen, auch der menschlichen Ernährung. Allerdings enthalten die Samen Giftstoffe, die zwar für Rinder, Schafe und Geflügel verträglich sind, jedoch beim Menschen sowie bei Schweinen, Pferden und Maultieren schwere Störungen hervorrufen können.[53]

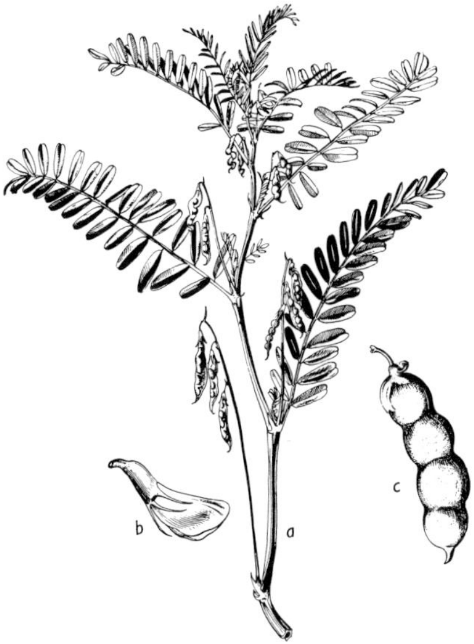

Die Linsenwicke. Morphologisch-anatomische Darstellung aus: Gustav Hegi: Illustrierte Flora von Mitteleuropa, Bd. IV, Teil 3, S. 1512.

Die Puffbohne (*Vicia faba*)

Die Geschichte der Puffbohne, in ihren großsamigen Formen auch Dicke oder Große Bohne, in ihren kleinkörnigen dagegen Acker-, Pferde- oder Saubohne genannt, ist (zumindest für die frühesten Zeiten) weit weniger klar als die der Erbse und Linse. Bis heute hat man noch keine Stammform der Kulturpflanze gefunden. Als nächst verwandte Arten gelten die im Mittelmeerbecken und im Nahen Osten verbreiteten *Vicia narbonensis* und *Vicia galilea*. Diese zeigen zwar hinsichtlich ihrer morphologischen Merkmale große Ähnlichkeit mit *Vicia faba*, besitzen aber eine andere Chromosomenzahl und lassen sich nicht mir ihr kreuzen. Verschiedentlich wird angenommen, dass der Ursprung der Ackerbohne in Afghanistan und im südlichen Mittelasien zu suchen ist.[54] Das hohe Alter der Ackerbohne wird durch einen Fund von mehr als 2500 verkohlten Samen bei einer auf das Jahr 8000 v.Chr. datierten Grabungsstelle bei Nazareth in Israel belegt.[55] Allerdings ist dies der bisher einzige Hinweis auf ihre Nutzung in so früher Zeit. Ebenso »...

Die Puffbohne. Aus: Leonhart Fuchs: New Kreuterbuch, Abb. CCXVIII.

singulär und daher schwer zu interpretieren ist der Fund einer Ackerbohne aus einem jüngerbandkeramischen Befund von Friedberg-Bruchenbrücken«[56], einem Ort im heutigen Hessen. Weitere Belege stammen erst aus der Spätzeit des Neolithikums. Die Fundstellen liegen in Griechenland, Spanien und Portugal.[57] In Ägypten wurden Samenschalen von *Vicia faba* in den Fundamenten des Opferspeichers des Sahure aus der V. Dynastie (2465-2323 v.Chr.) entdeckt.[58] Für die Bronzezeit ist die Ackerbohne von mehreren, teilweise weit auseinanderliegenden Orten in Europa nachgewiesen, so z. B. von den Jerseyinseln vor der nordfranzösischen Küste, besonders häufig aber von den Pfahlbausiedlungen des nördlichen Alpenvorlandes. Während der Eisenzeit dehnte sich ihr Anbau weiter nach Norden aus und reichte in römischer Zeit bis nach Südskandinavien.[59]

Für die griechisch-römische Antike war *Vicia faba* diejenige Hülsenfruchtart mit der größten Bedeutung sowohl als Tierfutter wie auch als Nahrungsmittel für den Menschen. Man aß sie »... als Brei gekocht, gebacken oder anders zubereitet«[60], auch »grün mit der Schale, geröstet oder gekocht ...«.[61] Bohnenmehl diente als Zusatz zum Brotbacken[62], zur Haltbarmachung von Eiern und zum Reinigen der Haut beim Waschen und Baden.[63] Bohnen galten außerdem als wertvolle Bienennährpflanzen[64], ihre gequellten oder geschroteten Samen wurden als Kraftfutter für Mastschweine, Arbeitstiere, Milchkühe, Schafe und Lämmer verwendet. Auch Spreu und Stroh dienten als Viehfutter oder als Einstreu.[65]

In der antiken Heilkunst war *Vicia faba* eine vielseitig nutzbare Pflanze. Plinius nennt folgende Anwendungen: »... ganz geröstet und noch heiß in scharfen Essig geworfen, heilt sie das Bauchgrimmen. In einem Sieb zerkleinert und mit Knoblauch gekocht, nimmt man sie gegen als unheilbar schon aufgegebene Hustenanfälle und Vereiterungen der Brust als tägliche Nahrung; nüchtern zerkaut, legt man sie auch zum Reifen oder zum Zerteilen von Furunkeln auf und, in Wein abgekocht, auf Geschwülste der Hoden und auf die Geschlechtsteile. Auch als eine in Essig gekochte Reinigungspaste bringt sie Geschwüre zur Reife und öffnet sie, heilt ebenso blaue Flecken und Brandwunden. Varro gibt an, die Bohne sei für die Stimme von Nutzen. Auch die Asche der Bohnenstängel und Schoten ist mit altem Schweineschmalz gut für hartnäckige Hüft- und Sehnenschmerzen. Die Schalen, für sich allein, bis zum dritten Teil eingekocht, stillen ebenfalls den Durchfall.«[66] Nach Galen verwendete man Bohnenmehl, dem Waschwasser zugesetzt, außerdem zum Vertreiben von Sommersprossen.[67]

Auch im Volksglauben spielte *Vicia faba* eine besondere Rolle: »... nur sie [ist] unter allen Leguminosen mehrfach in die Mythologie der Alten verflochten, wozu neben ihrer Nützlichkeit und den sehr nahrhaften Samen insbesondere die eigene Coloration der Blumen und die besondere Gestalt der Samen beigetragen haben mag.«[68] Man deutete die schwarzen Flecken auf den Flügeln der Bohnenblüte als Trauerzeichen und glaubte »... dass die Seelen der Verstorbenen in die Bohnen übergingen.«[69] Sie diente auch als Speise bei Totenfeiern. Zur Versöhnung der als Lemuren bezeichneten bösen, herumspukenden Geister der Vorfahren »... ging in mitternächtlicher Stunde der Hausvater ... ohne Schuhe mit leisem Tritte, im ganzen Hause schweigend umher, warf dann schwarze Bohnen hinter sich, und wiederholte die Worte: Mit diesen Bohnen löse ich mich und die Meinen.«[70] Bohnen dienten zum einen als Glücksbringer, z.B. bei Auktionen, wurden auch an den *fabariae* genannten Festtagen den Göttern geopfert,[71] galten andererseits aber als unrein und waren »... darum allen, welche sich einem heiligen Leben weihen, zu dem Lichte der eleusinischen Mysterien aufgenommen, durch mysteriöse Weisheit zu höherer Erkenntniß gebracht werden, oder sich für den Dienst der Gottheit bestimmt haben, zu genießen verwehrt«.[72] Den Pythagoräern war es sogar verboten, durch ein Bohnenfeld zu gehen und der *flamen Dialis*, der Priester des Jupiter, durfte Bohnen weder berühren noch ihren Namen nennen.[73]

Das lateinische *faba*, das sich in der botanischen Artbezeichnung erhalten hat, und der deutsche Name Bohne leiten sich wahrscheinlich beide aus der indogermanischen Wurzel *bha* ab, die (auf)blasen oder schwellen bedeutet. Demnach wäre die äußerliche Erscheinung der Hülsen, die wie aufgeblasen wirken, Anlass zur Benennung der Pflanze gewesen.[74] In einem ähnlichen Zusammenhang steht der Begriff Puff, der sowohl etwas Aufgeblasenes bedeuten kann, wie auch das Geräusch, das beim plötzlichen Entweichen von Luft entsteht.[75] Jeder, der schon einmal Gelegenheit hatte, grünreife Puffbohnenschoten zu enthülsen, wird mit diesem Phänomen vertraut sein.

Bis zum Ende der römischen Antike kannte man nur kleinsamige Formen von *Vicia faba*, die ausschließlich als Feldfrucht kultiviert wurden. Als Gartenpflanze wird sie erstmals in der Landgüterverordnung Karls des Großes genannt. Unter den *fabas majores*, die im 70. Kapitel aufgeführt sind, darf man wohl eine Varietät verstehen, die sich durch vergleichsweise große Samen auszeichnet. Man nimmt daher an, dass sich der Übergang von gewöhnlichen Ackerbohnen zu Dicken Bohnen im Mittelalter vollzogen hat, allerdings »... muß man auf weitere Ausgrabungsfunde hoffen, um Entstehungsort und -zeit der großkörnigen Bohne genauer eingrenzen zu können.«[76] Die Kräuterbücher der frühen Neuzeit unterscheiden eindeutig zwischen großen und kleinen Bohnen.[77] Auch Elßholtz nennt ausdrücklich »Faba major recentiorum, ... Garten=Bonen / zum Unterscheid derer / so auff dem Felde gebauet werden«.[78]

Die Formengruppen von *Vicia faba* wurden nach Größe und Gestalt der Samen von verschiedenen Botanikern in Unterarten oder Varietäten gegliedert. Am gebräuchlichsten ist die Zuordnung zu var. *minor* (Kleine Ackerbohne) mit rundlichen, höchsten 13 mm langen Samen, var. *equina* (Große Acker- oder Pferdebohne)

Die Puffbohne. Aus: J. Th. Tabernaemontanus: Neu vollkommen Kräuter= Buch, S. 879.

mit seitlich eingefallenen, bis 20 mm langen Samen und var. *major* (Puffbohne, Große oder Dicke Bohne) mit flachen, bis 35 mm langen Samen.[79] Allerdings ist diese Einteilung aufgrund der fließenden Übergänge zwischen den Varietäten »... ein künstliches System, das aber durch seine Namen *minor*, *equina* und *major* die Kennzeichnung der angebauten Formen erleichtert.«[80]

Bis zu ihrer allmählichen Verdrängung durch die aus Südamerika eingeführte Gartenbohne (*Phasaeolus vulgaris*) war *Vicia faba* »durch das ganze Mittelalter hindurch und bis ins 17. Jahrhundert hinein ... eine der wichtigsten Nahrungspflanzen Mitteleuropas«.[81] Heute dienen die als Sau- oder Pferdebohnen bezeichneten, kleinsamigen Sorten nur noch als Viehfutter oder zur Gründüngung. Die gärtnerisch kultivierten Dicken Bohnen werden noch im Rheinland, in Westfalen, Niedersachsen und anderen Gegenden Norddeutschlands in größerem Umfang angebaut.[82] Sie dienen als Frischgemüse, aber auch zur industriellen Nasskonservierung und zur Herstellung von Tiefkühlkost. Dabei werden zwei Sortengruppen unterschieden: Solche mit rein weißen Blüten, deren Bohnen beim Kochen oder Sterilisieren nicht verfärben, dafür aber nicht den typischen Puffbohnengeschmack aufweisen und solche mit schwarzgefleckten Blüten, deren Korn sich braun verfärbt, dafür aber einen intensiveren Geschmack besitzt. Erstere werden für die Nasskonservierung, letztere für den Frischmarkt und die Tiefkühlindustrie bevorzugt. Insgesamt werden in der BSA-Sortenliste acht Sorten genannt und beschrieben.[83]

Die Gartenbohne (*Phaseolus vulgaris*)

So wie die bisher beschriebenen Hülsenfrüchtler zu den frühesten Kulturpflanzen der Alten Welt zählen, ist die Gartenbohne eine im subtropischen und tropischen Amerika seit vorgeschichtlicher Zeit von den Indios genutzte Nahrungspflanze. »Das belegen Funde aus archäologischen Ausgrabungen in Mexiko, Neu-Mexiko, Peru und Chile aus dem Zeitraum von etwa 6000-2700 v.Chr.«[84] Als ihre Stammform gilt die Wildart *Phaseolus aborigineus*, die an den Ostabdachungen der Anden in einem sich über rund 5000 Kilometer von Mittelargentinien bis nach Venezuela erstreckenden Areal verbreitet ist.[85] Der allmähliche Übergang zur Kulturform mag »... damit begonnen haben, dass halbnomadisch lebende Indios bei ihren Sammelgängen unter verschiedenen essbaren Pflanzenarten auch wildwachsende Bohnen pflückten und davon um ihre Saisonlager aussäten oder einfach die Dreschabfälle hinwarfen«.[86] Mit der Ausbreitung der indianischen Ackerbaukulturen gelangte die Gartenbohne über Mittelamerika bis in das Gebiet der heutigen USA. Für die Hochkulturen der Azteken, Mayas und Inkas spielte sie als Grundnahrungsmittel eine bedeutende Rolle.[87]

Christoph Kolumbus verdanken wir nicht nur die Entdeckung Amerikas, sondern auch diejenige der Gemüsebohne. Drei Wochen nach seiner ersten Landung im Herbst 1492 sah er auf Kuba Felder, die mit ihm unbekannten »faxones« und »fabas« bepflanzt waren.[88] Wie und wann genau die ersten Samen nach Europa gelangten, ist nicht bekannt. Doch dürfen wir wohl annehmen, dass sie um die Wende zum 16. Jahrhundert oder wenig später von Spanien aus verbreitet wurden. In Deutschland wird die Gartenbohne erstmalig im Jahre 1539 von dem Botaniker Hieronymus Bock beschrieben, der bereits sieben Sorten unterscheidet.[89] Die erste Abbildung findet sich im Kräuterbuch des Leonhart Fuchs (1543), wo die Pflanze als »Welsch Bonen« oder »Faselen« benannt ist. Der Beschreibung nach handelt es sich um eine Stangenbohne, denn »die welschen Bonen wachsen hoch übersich / haben zarte Stängel / flechten un hencken sich zu rings umb die stangen so darzu gesteckt seind / wie der Hopffen«. Nach der Farbe der Körner werden folgende Formen aufgezählt: »... ettlich rot / ettlich leibfarb / mit schwartzen flecken besprengt / ettlich lederfarb / auch besprengt / ettlich schneeweiß / ettlich weißgrau / ettlich geel«. Sie werden nicht auf Feldern, sondern in Gärten kultiviert, wo sie nicht zu zeitig im Frühling gesät werden dürfen, da sie »... keinen reiffen leiden« mögen. Zu ihrer »Krafft und würckung« schreibt Fuchs: »Dise Bonen seind zu essen wie die Erbs /

Die Gartenbohne. Aus: Leonhart Fuchs: New Kreuterbuch, Abb. CCCCIIII.

so man die schotten mit den koernern seudt. Sie treiben den harn / machen aber gantz schwer unnd unruwig schlaf. Sie neeren nit weniger dann die Erbs / machen auch keinen wind noch blaest. Sie geben von sich ein grobe narung / doch so man senff darzu thut / nimpt er von ihnen vil boeß unnd schafft das sie dest weniger schaden.«[90] Es überrascht, dass Fuchs diese Bohnen nicht als Neuheit preist, sondern - ganz im Gegenteil - sich bei seiner Beschreibung sogar auf die klassischen Schriftsteller Dioscorides, Galenus und Theophrast beruft, ein Irrtum, der bis weit ins 19. Jahrhundert Bestand haben sollte. So schreibt noch Fischer-Benzon in seiner »Altdeutschen Gartenflora« von 1894: »Bisher hielt man die Phaseolusarten der Alten für identisch mit unseren Gartenbohnen (*Phaseolus vulgaris* L. und andere). WITTMACK [Berichte der Deutschen Botanischen Gesellschaft, Bd. 6, Berlin 1888] hat aber gezeigt, dass unsere Gartenbohnen aus Amerika stammen müssen und dass der *Phaseolus* der Alten ein *Dolichos* sei ...«[91]. Tatsächlich wird in den Schriften des klassischen Altertums neben der eindeutig zu identifizierenden Bohnenart *Vicia faba* unter Namen wie *smilax*, *dolichos* und *phaseolus* eine weitere Hülsenfrucht genannt, die an Stangen empor windet und deren noch grüne Frucht »... sammt den Samen, wie Spargel gekocht, als Gemüse gegessen [wird]«.[92] Auch in mittelalterlichen Quellen taucht die Pflanze auf, so in der Landgüterverordnung Karls des Großen als »fasiolum« und im St. Gallener Klosterplan als »fasiolo«. Nach einer Beschreibung des berühmten Naturgelehrten Albertus Magnus ist diese von ihm »faseolus«

genannte Bohne »... in allen Teilen kleiner als *faba*, unsere Grosse Bohne; ihre Samen sind von mancherlei Farbe, aber jeder hat an der Seite einen schwarzen (dunklen) Fleck an Stelle des Nabels«.[93] Aufgrund dieses charakteristischen Kennzeichens nimmt man an, dass »der *Phaseolus* der Alten« mit der als Spargel-, Kuh- oder Ägyptische Bohne bezeichneten *Vigna unguiculata* (früher *Dolichos biflorus*) identisch ist, die schon im Alten Ägypten als Kulturpflanze bekannt war und noch heute, wenn auch in begrenztem Umfang, im Mittelmeerraum angebaut wird. Auch die im »Wiener Dioskorides«, einer um 512 in Konstantinopel entstandenen Kopie des berühmten Werkes »De materia medica« wiedergegebene Abbildung des »Fasiolus« wird als Kuhbohne gedeutet.[94] Mit dem Auftauchen der amerikanischen Gartenbohne verlor die sehr ähnliche, aber wesentlich wärmebedürftigere *Vigna* gänzlich ihre (wohl ohnehin nur geringe) Bedeutung als europäische Kulturpflanze. Nur ihr alter Name *Phaseolus* blieb erhalten und wurde auf die neu eingeführte, sich rasch ausbreitende Art übertragen. Auch die teilweise noch gebräuchlichen volkstümlichen Bezeichnungen Fisolen, Faseolen oder Faselen für die Gartenbohne gehen auf ihn zurück.

Ähnlich wie bei den Erbsen gibt es bei den Gartenbohnen eine sehr große Formenvielfalt. Bei Vilmorin-Andrieux werden 109 Sorten beschrieben,[95] 119 Sorten nennt die Liste des Bundessortenamtes.[96] Nach Hegi sind sogar »... weit über 500 Formen bekannt«.[97] Sie variieren nach Wuchshöhe, Blütenfarbe, Form und Farbe der Schoten und der Samen. Im 19. und beginnenden 20. Jahrhundert wurden von ver-

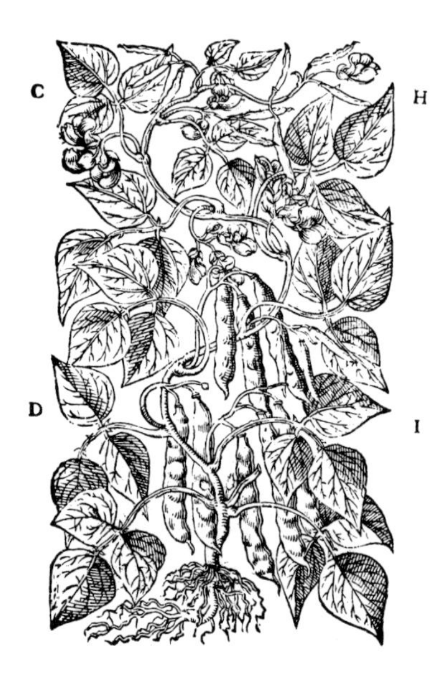

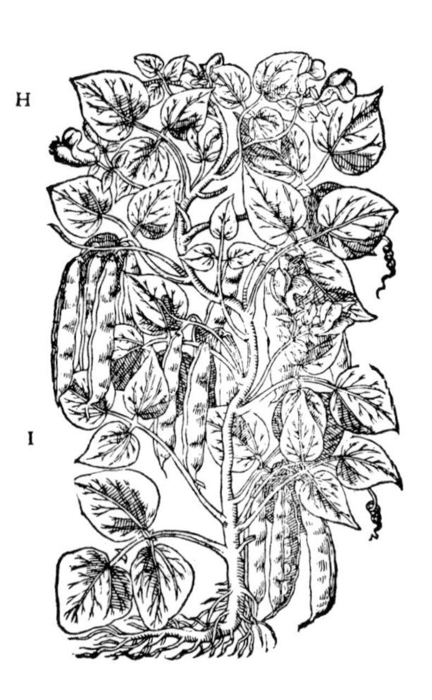

Türckische oder Welsche Bonen

Weisse Bonen von America

Darstellungen der Gartenbohne aus: Jacobus Theodorus Tabernaemontanus: Neu vollkommen Kräuter=Buch, S. 876.

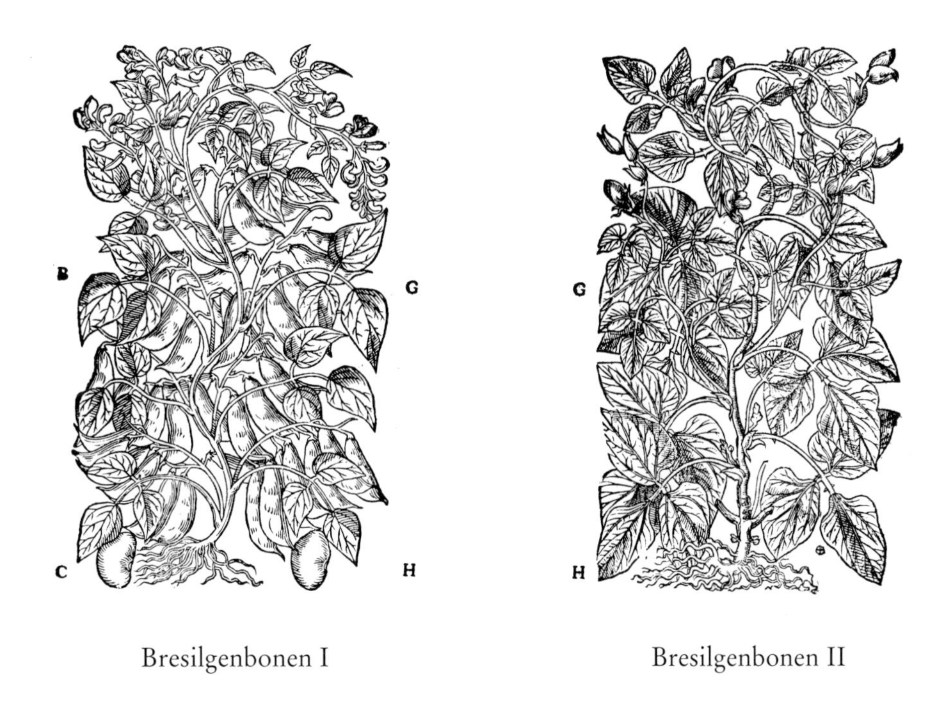

Bresilgenbonen I

Bresilgenbonen II

Darstellungen der Gartenbohne aus: Jacobus Theodorus Tabernaemontanus: Neu vollkommen Kräuter=Buch, S. 877.

schiedenen Bearbeitern Systeme zur Unterteilung der Art erstellt. Alefeld unterschied sieben Hauptgruppen nach der Form der Samen (*subcompressus, compressus, gonospermus, carinatus, oblongus, ellipticus* und *sphaericus*), deren genaue Darstellung hier zu weit führen würde.[98] In den Samenkatalogen gelegentlich auftauchende Bezeichnungen wie Speck-, Schwert-, Dattelbohne u. ä. gehen meist auf solche älteren Klassifikationen zurück. Heute ist die Einteilung in niedrige Buschbohnen (*Phaseolus vulgaris* var. *nanus*) und windende, hochwüchsige Stangenbohnen (*Phaseolus vulgaris* var. *vulgaris*) üblich. Innerhalb dieser Gruppen werden grün-, gelb- und blauhülsige Sorten unterschieden. Daneben gibt es die vor allem in Frankreich und England verwendete Unterteilung in Bohnen mit essbaren Schoten (edible-podded varieties bzw. haricots mangetout) und solche mit hartschaligen Hülsen, die vorwiegend zur Gewinnung von Trockenkochbohnen angebaut werden (tough-podded varieties bzw. haricots à écosser). Letztere spielen in Deutschland nur eine untergeordnete Rolle. So nennt die BSA-Sortenliste lediglich fünf Trockenkochbohnensorten und weitere drei Sorten für die Nutzung der grünreifen Körner.[99]

Bohnen werden als Grün- oder Trockengemüse in der Küche sehr vielseitig zubereitet. Nur als Rohkost sollten sie aufgrund ihres Gehaltes an Phasein nicht verwendet werden. Dieses Glykosid kann zu schwerwiegenden Vergiftungen führen und wird erst durch Erhitzen oder Milchsäuregärung zerstört.

Die Feuerbohne (*Phasaeolus coccineus*)

Von allen bisher besprochenen Hülsenfrüchtlern besitzt die Feuerbohne, auch Prunk-, Blumen- oder Türkenbohne genannt, die geringste wirtschaftliche Bedeutung. Ihr Wert liegt insbesondere in ihren im Vergleich zur gewöhnlichen Gartenbohne geringeren Wärmeansprüchen, so dass sie noch in rauen, feucht-kühlen Klimalagen angebaut werden kann, wo *Phaseolus vulgaris* nicht mehr befriedigt. Vor allem in England und Südskandinavien, aber auch in den deutschen Mittelgebirgen, im nördlichen Alpenvorland und in den Alpentälern bis in Höhenlagen von etwa 1000 m NN wird sie daher, zumeist zur Selbstversorgung im Hausgarten, häufig kultiviert. Bisweilen findet sie auch ihrer schönen leuchtendroten Blüten wegen als Zierpflanze zum Beranken von Zäunen, Gittern und Lauben Verwendung.

Wie die Gartenbohne stammt sie aus der Neuen Welt, wo ihre Wildform in den feucht-kühlen Hochländern Nordmexikos und Guatemalas verbreitet ist und schon in prähistorischen Zeiten von den indianischen Jäger- und Sammlerkulturen genutzt wurde. Kulturformen der Feuerbohne konnten bislang allerdings erst aus der Zeit

Die Feuerbohne. Aus: Vilmorin-Andrieux: The vegetable garden, S. 72.

zwischen 900-200 v.Chr. nachgewiesen werden.[100] In ihrer Heimat ist *Phaseolus coccineus* eine mehrjährige Pflanze, die mit knollig verdicktem Wurzelstock überwintert und im Frühjahr neue Stängel treibt.[101] Die Wurzelknollen werden von den Indios ebenso zur Nahrung verwendet wie die reifen Samen. Sie sollen im Geschmack an Kastanien erinnern.[102] In Deutschland überlebt die Feuerbohne die kalte Jahreszeit in der Regel nicht, doch berichtet Becker-Dillingen: »Ich habe schon mehrmals die Knollen wie Dahlienknollen überwintert und damit sehr gute Erfahrungen gemacht. Vor allem kommen diese Pflanzen früher in Ertrag als Saaten.«[103]

Nach Europa gelangte die Feuerbohne aller Wahrscheinlichkeit nach im späten 16. oder zu Beginn des 17. Jahrhunderts. Vielfach wird in der Literatur das Jahr 1633 oder 1635 als Zeitpunkt ihrer Einführung genannt, doch soll sie andererseits bereits um 1635 in Paris in großer Menge zur Gewinnung von Schnittblumen für Sträuße und Kränze angebaut worden sein.[104] Nach Vogel ist sie im 16. Jahrhundert über die Krim nach Osteuropa gelangt[105] und Fruwirth berichtet, sie sei schon 1597 in England bekannt gewesen.[106] Die Feuerbohne wurde häufig als Zierpflanze gezogen, denn »... man hielt ihre Früchte zunächst für nicht essbar; erst im 18. Jahrhundert wurde sie zur Nahrungspflanze.«[107] Als solche wird sie ebenso verwendet wie die Gartenbohne. Allerdings müssen die Hülsen für Grüngemüse in sehr jungem Zustand geerntet werden, da sie bei zunehmender Reife rasch zäh werden. Als Trockenkochbohnen werden Sorten mit weißer Blüte und weißen Samen bevorzugt.

Die Sortenvielfalt der Feuerbohne ist im Vergleich mit der Gartenbohne sehr bescheiden. Die BSA- Sortenliste nennt nur eine einzige »Rotblühende«.[108] Daneben werden in der Literatur auch weiß- und zweifarbig rot- und weißblühende Formen (Painted Lady) sowie nichtrankende Buschbohnentypen genannt. Als bereits 1654 erstmals beschriebene Besonderheit gilt eine Form mit kohlschwarzen Samen. Neuere Züchtungen konzentrieren sich vor allem auf fadenlose, länger zart bleibende Hülsen.[109]

SONSTIGE »BOHNEN«

Der Vollständigkeit halber sollen hier noch einige weitere kultivierte Hülsenfrüchtler erwähnt werden, die als »Bohnen« bezeichnet werden. Dabei handelt es sich in der Regel um subtropische oder tropische Arten, die unter den klimatischen Bedingungen Mitteleuropas nicht im Freiland gedeihen.

Die Lima- oder Mondbohne (*Phaseolus lunatus*) ist eine aus Mittel- und Südamerika stammende alte Kulturpflanze, die heute außer in ihren Heimatländern auch in den südlichen USA, in Afrika und Ostindien angebaut wird. Verwendet werden ausschließlich die Samen, sowohl frisch in kernweichem Zustand, wie als vollreife Trockenkochbohnen. Rohe Samen enthalten giftige Blausäureverbindungen, die durch das Kochen zerstört werden.[110]

Innerhalb der Gattung *Vigna* gibt es neben der bereits erwähnten Spargel- oder Kuhbohne *V. unguiculata* (vgl. Kapitel über die Kulturgeschichte der Gartenbohne) noch die vor allem in China, Japan und Korea angebaute Adzukibohne *V. angularis*, und die in Indien und Südostasien weitverbreitete Mungbohne *V. radiata*. Beide finden vorwiegend als Trockenkochbohnen Verwendung oder werden, neuerdings auch vermehrt in Europa, in Form angekeimter Bohnensprossen verzehrt.[111]

Von weltweit größter wirtschaftlicher Bedeutung ist die Sojabohne (*Glycine max*). Sie stammt ursprünglich aus China und wird gegenwärtig außer in Ostasien vor allem in den USA angebaut, wo mehr als die Hälfte der Weltproduktion erzeugt wird. Zu ihrer optimalen Entwicklung benötigt die Sojabohne Klimagebiete mit heißen, feuchten Sommern und langen Vegetationsperioden. Die reifen Samen zeichnen sich besonders durch einen hohen Fettgehalt aus und dienen daher nicht nur als Gemüse, sondern in großem Umfang auch zur Ölgewinnung sowie zur Herstellung von Kraftfuttermitteln für die Viehwirtschaft. Die Sojabohne und ihre Produkte gelten als ernährungsphysiologisch besonders wertvoll, da sie den Cholesterinspiegel und damit das Herzinfarktrisiko senken. Außerdem sollen sie die Darmfunktion und den Blutzuckerspiegel regulieren und Magen- und Darmkrebserkrankungen vorbeugen. Allerdings ist bei Verwendung der reifen Samen darauf zu achten, dass sie ausreichend lang eingeweicht und gekocht werden, da sie in rohem Zustand schädliche Stoffe enthalten.[112]

Die Sojabohne. Aus: Vilmorin-Andrieux: The vegetable garden, S. 529.

»... GUT FÜR VIELERLEI DINGE«

Erbsen, Linsen und Bohnen zählen zu den ältesten Kulturpflanzen und gehörten jahrtausendelang, neben den Getreidearten, vielerorts zu den wichtigsten Grundnahrungsmitteln. Daher ist es nicht verwunderlich, dass sie auch im Volksglauben eine große Rolle spielten.

Die Erbse, als für das nördliche Europa besonders bedeutende Hülsenfrucht, war dem Donar oder Thor, dem Gott des Donners, der Winde und Wolken geweiht, »... da das polternde Geräusch, das sie auf hartem Boden verursacht, an das Rollen des Donners erinnert. Von damals an bis heute bildet die Erbse das stehende Donnerstagsgericht.«[113] Vielleicht hängt damit auch der aus der Dillinger Gegend überlieferte Glaube zusammen, dass die am Gründonnerstag gestupften Erbsen am besten gedeihen.[114] Man schrieb ihnen auch übernatürliche Kräfte zu : »Nahm man Erbsen, die in einem Menschenschädel unter der Traufe eines Kirchendaches gewachsen waren, in den Mund, so war man unsichtbar, konnte selbst aber Dinge sehn, die anderen verborgen blieben. So erblickte man nachts in der Kirche die Geister der Verstorbenen auf den Plätzen, die sie im Leben eingenommen hatten. Mancher Wilddieb soll sich früher solcher Erbsen bedient und sich vor den Augen des Försters in allerlei leblose Dinge, z.B. in Baumstumpfe verwandelt haben.«[115] Eine Erbsenschote, die neun Samenkörner enthält, galt als Glücksamulett.[116] Der Braut sollte es Glück bringen, wenn sie am Vorabend der Hochzeit ein Gericht aus frisch gekochten Erbsen zu sich nahm[117] oder bei der Trauung Erbsen in den Schuhen trug.[118] In Schwaben war es Brauch, Erbsen am Johannisfeuer zu kochen und zu essen. Dies war, heißt es etwas lapidar, »... gut für vielerlei Dinge«.[119] Auch konnten mit solchen Sonnwenderbsen Wunden und Quetschungen geheilt werden.[120] In der Volksmedizin wurden Erbsen, wie bereits erwähnt, häufig gegen Warzen verwendet (vgl. Kapitel über die Kulturgeschichte der Erbse). Bei Fieber »... wickelt man so viele Erbsen, wie die Krankheit Tage zählt, zusammen und wirft sie in fließendes Wasser.«[121] Um »Gichter« zu heilen, »... zählt man in einen Topf 77 Erbsen, harnt darauf und lässt den Topf durch einen Familienangehörigen unbeschrieen in einen Ameisenhaufen vergraben. Sind die Erbsen verfault, so sind auch die Gichter weg.«[122] Verschiedentlich spielen Erbsen auch in Märchen und Sagen eine Rolle, so in der Geschichte von den Heinzelmännchen, die durch ausgestreute Erbsen vertrieben werden und in Andersens sprichwörtlich gewordener »Prinzessin auf der Erbse«. Ein »Erbsenzähler« ist jemand, der sich mit unwichtigen Kleinigkeiten abgibt oder sich darüber aufhält.

Weit weniger Bedeutung wurde der Linse in Brauchtum und Aberglaube zugemessen. Verbreitet war die Ansicht, man dürfe in den »Zwölf Nächten« (zwischen Weihnachten und Dreikönig) keine Erbsen, Linsen und Bohnen essen, da sie sonst

Ausschlag und Geschwüre hervorrufen könnten.[123] Schon der antike Arzt Galen und mit ihm die Kräuterkundigen der frühen Neuzeit vertraten die Meinung, dass »... diejenige / welche der Linsen viel essen / leichtlich in Aussatz gerathen können / und auch zu dem Krebs geneigt seyn.«[124] In Gegensatz dazu steht allerdings der nicht weniger bekannte Brauch, gerade zu Weihnachten oder Silvester ein Gericht aus Linsen zu essen, damit im folgenden Jahr das Geld nicht ausgeht.[125] In Ungarn gab es den Glauben, die jungen Mädchen könnten durch ein Linsengericht in der Christnacht ihren zukünftigen Mann erblicken. »Sie kochen in einem neuen Thongeschirr Linsen, verkleben den Deckel mit Lehm und setzen das Gefäß kurz vor Mitternacht auf den Tisch, daneben legen sie verkehrt den Löffel und davor stellen sie eine Bank mit den Füßen nach oben. Dann gehen sie hinaus und spähen durchs Fenster in die Stube. Bleibt alles unberührt, so müssen sie noch ein Jahr warten; steht ihnen Hochzeit bevor, so erscheint der Freier und verzehrt die Linsen. Um eine glückliche Ehe zu haben, müssen sie indes alle Geräte, welche ihnen bei der Bräutigamsschau gedient haben, vernichten, höchsten dürfen sie Tisch und Stuhl behalten.«[126] In der Volksmedizin galt Linsenmehl mit Essig als Mittel bei Seitenweh und Milzstechen.[127] Auch als Wurmmittel wurden Linsen angewendet. »Wann man die erste Brühe den Kindern zu trincken gibt / treibet sie die Bauchwürm von ihnen / und soll ein gewiß Experiment seyn.«[128]

Die vielfältigen Beziehungen der Dicken Bohne zum Volksglauben der Antike und ihre ambivalente Deutung als Glücksbringer und Abwehrmittel einerseits bzw. ihre Tabuisierung als unrein andererseits, sind schon im Kapitel über ihre Kulturgeschichte gestreift worden. Im deutschen Aberglauben galt die Bohne hauptsächlich als Schutzmittel. So wurde im Salzburgischen »zum Schutz des Hauses ... eine Bohnenschote, manchmal zusammen mit einem Ei, in den Dachstuhl eingelassen.«[129] Als Amulett wurden Glücksbohnen aus Gold, Silber oder anderem Material an der Uhrenkette getragen. Gegen das Verrufen kleiner Kinder kannte man in der Königsberger Umgebung den Spruch »Knoblauch, Hyazinthenzwiebel, dreimal weiße Bohnen«.[130] Ebenso wie Erbsen wurden Bohnen als Mittel gegen Warzen angewendet. Ein altes, noch von Henriette Davidis empfohlenes Hausmittel gegen Ohrensausen bestand darin, den von weichgekochten Bohnen aufsteigenden Dampf in die Ohren ziehen zu lassen.[131] In Deutschland und den Niederlanden gab es den Brauch, am 6. Januar ein Bohnenfest zu feiern. »Man buk in einen Kuchen eine Bohne hinein und zerschnitt ihn in so viel Teile als Personen bei Tisch saßen. Jedermann nahm ein Stück, und wer in seinem die Bohne fand, war für das Jahr der Bohnenkönig. ... Der so erwählte König wurde in die Höhe gehoben und musste an der Stubendecke ein Kreuz zur Abwehr alles Bösen machen.«[132] Bohnen stehen umgangssprachlich für etwas Nichtiges (»nicht die Bohne« bedeutet so viel wie »nicht im geringsten«) doch berichtet Marzell von einer Allgäuer Sage, die im Gegenteil ihre besondere Wertschätzung hervorhebt: »Unsere Liebe Frau ist einst ins Allgäu gekommen und hat daselbst wie die ärmsten Leute von Kraut und Bohnen gelebt. Sie hat diese Gottesgabe so sehr in Ehren gehalten, dass sie sich wohl dreimal bückte, um eine Bohne, die auf dem Boden lag, aufzuheben.«[133]

Im Volksglauben wird kein Unterschied zwischen Puffbohnen und Garten- oder Feuerbohnen gemacht. So wie diese Arten die Dicke Bohne als Nahrungsmittel allmählich ersetzten, ging auch das mit ihr verbundene Brauchtum auf die amerikanischen Neueinführungen über.

Die reifen, ausgekernten und getrockneten Hülsen der Gartenbohnen (Bohnenschalen, *Phaseoli pericarpium*) werden nicht nur in der Volksmedizin eingesetzt, sondern gelten als anerkanntes Heilmittel. Sie enthalten blutzuckersenkende und diuretisch wirkende Substanzen und werden als Tee vorbeugend gegen Harngrieß- und Harnsteinbildung oder als Blutreinigungsmittel bei Frühjahrskuren angewendet.[134]

Bauernregeln und Aussaatbräuche

Im bäuerlichen Leben waren bei den Arbeiten in Feld und Garten zahlreiche Regeln zu beachten. Besonders die Aussaattermine für die verschiedenen Kulturpflanzen waren häufig an bestimmte Tage, sogenannte Lostage gebunden. So sollten Gartenbohnen am Mamertustag (11. Mai) oder an Bonifaz (14. Mai) gesteckt werden.[135] Erbsen waren am Karfreitag zu säen, oder wenigstens in der Karwoche überhaupt.[136] In der Dillinger Gegend galt der Gründonnerstag für besonders geeignet zur Erbsensaat.[137] Außerdem gab es allgemeinere Regeln, die sich nicht auf feste Tage, sondern bestimmte Zeiträume bezogen oder zwischen verschiedenen Erscheinungen oder Ereignissen einen Zusammenhang herstellten. Das starke Blühen des Besenginsters war beispielsweise ein Vorzeichen für eine gute Bohnenernte.[138] Eine reiche Erbsenernte stand bevor, wenn sich im Frühjahr viele Frösche zeigten oder wenn in der Christnacht die Sterne hell schienen.[139] Besonders eingängig und leicht zu merken waren die in Reime gefassten Bauernregeln:

Wenn an Fasnacht die Sonne scheint,
ist's für Korn und Erbsen gut gemeint.[140]

Wer will Dicke Bohnen essen,
darf des Märzen nicht vergessen.[141]

An St. Gertrud ist es gut,
wenn in die Erd' die Bohn man tut.[142] (17. März)

Willst Gerste, Erbsen, Zwiebel dick,
so sä sie an St. Benedikt.[143] (21. März)

Erbsen sä Ambrosius,
so geraten sie wohl und geben gut Mus.[144] (4. April)

Hat St. Peter das Wetter schön,
kann man Kohl und Erbsen säen.[145] (29. April)

An St. Philipps Tag
die Linsen zum Felde trag.[146] (1. Mai)

Wer am Maiabend setzt Bohnen,
dem wird's lohnen.[147]

Wenn die Bohnen üppig geraten,
Geraten auch trefflich unsere Saaten.[148]

Eine wichtige Rolle spielten bei der Aussaat auch die Phasen des Mondes und seine Stellung im Tierkreis. Stand er im Steinbock, durften z. B. keine Erbsen gesät werden, da sie sich sonst später nicht weich kochen ließen. »Man muß die Erbsen säen, wenn der Mond im Fisch, Wassermann oder anderen wässerigen Zeichen läuft, wo alsdann die in einem solchen Zeichen gesäten Erbsen sich eher weich kochen lassen.«[149] Auch Saubohnen sollten in einem Wasserzeichen, nämlich im Krebs gesteckt werden, wobei außerdem auf zunehmenden Mond zu achten war.[150] Ungeeignet war für Bohnen das Tierkreiszeichen Jungfrau: »Die im Zeichen der Jungfrau gesteckten Bohnen blühen immerzu und setzen keine Früchte an.«[151]

Was die Mondphasen anbetrifft, gibt es sehr widersprüchliche Empfehlungen. Einerseits glaubte man, Fisolen (Gartenbohnen) und Erbsen sollten bei abnehmendem Mond gesät werden.[152] Andererseits wurde, zumindest von der Gärtnerzunft, die Meinung vertreten, die Zeit um das erste Viertel des Mondes sei für Puff- und Gartenbohnen besonders günstig.[153] Gleiches galt auch für Erbsen. Man säe sie »nicht im Neumond / sondern umb das erste Viertel gegen den Vollmond: auch nicht mit abnehmenden Mond / weil sie alsdan zum kochen nicht so dienlich werden.« Das »... abnehmen zum Samen soll eben umb das erste Viertel / wie oben bey der Aussaat /

oder etwas näher zum Vollen-mond / verrichtet werden.«[154] Marzell berichtet von einem im Fränkischen verbreiteten Glauben, wonach Erbsen, die im neuen Mond gesät werden, viele Blüten, aber wenig Früchte tragen. Säte man sie im »alten« (abnehmenden) Mond, kamen Maden in die Schoten.[155] Die Gefahr des Madigwerdens bestand auch, wenn bei der Aussaat Ostwind wehte. Bei Nordwind wurden sie hart, weich dagegen bei Süd- oder Südwestwind.[156] Selbst die Tageszeit hatte Einfluss auf das Gelingen der Saat: »Die Bohne muß wie jede Hülsenfrucht gesät werden, wenn die Uhr viele Schläge macht, also um 10, 11, 12 Uhr, dann bilden sich viele Samen in den Hülsen.«[157]

Um eine reichliche Ernte sicherzustellen, gab es in der Rhön einen alten Fruchtbarkeitsbrauch: Die Bauersleute wälzten »... sich in der Christnacht auf unausgedroschenem Erbsenstroh herum, um Erbsen auszuschlagen, die sie dann bei der Aussaat unter die übrigen Erbsen mengen und sich hierdurch besseres Gedeihen versprechen.«[158] Von einem anderen Fruchtbarkeitsbrauch berichtet Pieper: »Wenn die Großmutter Hülsen vom Felde holt, die Mutter sie lüftet und die Tochter die Samen an einem Donnerstage des nächsten Frühjahres in die Erde bringt, so blüht und reift die Saat früher als jede andere.«[159]

Auch zum Schutz der Kulturen vor Krankheiten und tierischen Schädlingen gab es verschiedene Bräuche: »Sollen die Erbsen gut geraten, so muß man beim Säen drei in den Mund nehmen, nicht sprechen und sich nicht umsehen; steckt man diese drei darauf ins Feld, so bleiben die Vögel fern. Dasselbe erreicht man, wenn man die Saat abends bei Thau ausstreut und sie erst am anderen Morgen eineggt.«[160] Der häufig auftretende Befall mit Mehltau konnte verhindert werden, wenn man die Erbsen vor dem Säen durch die Nabe eines Wagenrades laufen ließ.[161] In Vorderburg bei Sonthofen im Allgäu »... fand früher am ›Santehanstag‹ in manchen Häusern das ›Bunarouche‹ (= Bohnenrauchen) statt. Man brachte glühende Kohlen in eine Pfanne, legte ›Das‹ (= Zweige von Nadelhölzern) und Zweige von Palmen darauf, dass es einen starken Rauch gab, und ging damit um das Bohnenfeld. Dann blieb dieses vom ›Wibel‹, worunter man die auf Bohnen oft massenhaft schmarotzenden Blattläuse verstand, verschont. Dabei wurden einige Vaterunser gebetet.«[162]

Die Erbse

Mittelschwere, gut durchlässige und lockere, kalkhaltige Böden sind für die Kultur der Gemüseerbse am besten geeignet. Trockene oder nasse, saure Lehm-, Sand- und Moorböden sagen ihr am wenigsten zu. Bezüglich der Nährstoffversorgung sind die Ansprüche vergleichsweise gering. Als Leguminose ist die Erbse in der Lage, sich mit Stickstoff aus der Bodenluft zu versorgen. Außerdem besitzt sie »ein außerordentlich gutes Aufschließungsvermögen für im Boden festgelegte Mineralnährstoffe«,[163] wie Phosphorsäure und Kali. Frische organische Düngung ist unbedingt zu vermeiden, da sie einen schlechten Blüten- und Fruchtansatz bewirkt. Erbsen werden erst in zweiter oder dritter Tracht nach einer Stallmistgabe angebaut. Besonders zu beachten ist ein ausreichender Kalkgehalt des Bodens; ein pH-Wert von 6,5 sollte keinesfalls unterschritten werden. Eventuell erforderliche Kalkgaben sind bereits im Herbst vor der Aussaat einzuarbeiten.

Innerhalb der Fruchtfolge können Erbsen nach jeder beliebigen anderen Kultur außer sich selbst und sonstigen Hülsenfrüchtlern angebaut werden. Lediglich im

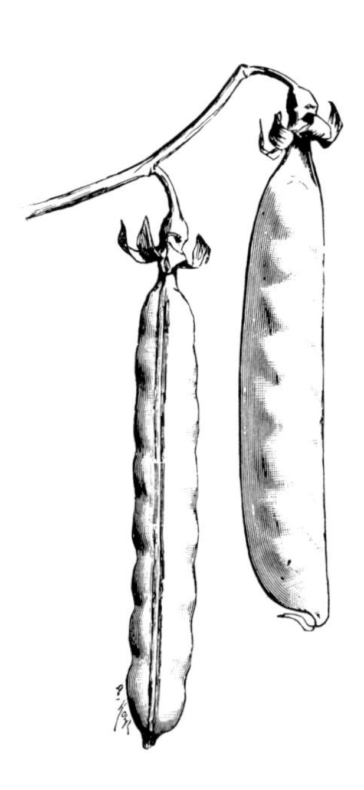

Erbsenschoten. Aus: Aus: Vilmorin-Andrieux: The vegetable garden, S. 423.

biologisch-dynamischen Anbau gelten Zwiebeln, Knoblauch und Lauch als ungünstige Vorfrucht. Bis zur nächsten Hülsenfruchtansaat sollte eine mindestens dreijährige Anbaupause eingehalten werden. Erbsen sind dankbar für gut strukturierte, tiefgründig gelockerte, unkrautfreie Böden, daher wird häufig eine Hackfrucht als Vorkultur empfohlen.

Erbsen sollten stets in vollsonniger, freier Lage angebaut werden. Es wird empfohlen, je Beet nicht mehr als zwei Reihen im Abstand von 30 bis 40 cm nebeneinander einzusäen, um zur Vorbeugung gegen den häufig auftretenden Mehltaubefall eine gute Belichtung und Durchlüftung für alle Pflanzen sicherzustellen und das Abernten zu erleichtern. Innerhalb der Reihen legt man die Körner mit 3-5 cm Abstand und etwa 5 cm tief.

Die Saatzeit richtet sich nach den verwendeten Sorten. Schalerbsen sind wenig kälteempfindlich und können schon bei Bodentemperaturen zwischen 2 und 5° C, also etwa ab Mitte März, in milden Lagen oft noch früher, ausgebracht werden. Zucker- und Markerbsen benötigen etwas mehr Wärme und werden meist erst ab Anfang April gesät. Die letzten Aussaaten können bis Anfang Juni erfolgen, allerdings leiden die späten Saaten meist besonders stark unter Mehltaubefall.

Nach dem Auflaufen wird gehackt und, wenn die Pflanzen 10 bis 15 cm Höhe erreicht haben, angehäufelt. Mit Ausnahme der niedrigen Buschsorten werden die Erbsen anschließend gereisert oder gestiefelt. Traditionell verwendet man dazu unbelaubte Zweige von Bäumen oder Sträuchern die bereits im Winter vorbereitet wurden. Hartriegelreiser werden von Becker-Dillingen aufgrund ihrer langen Haltbarkeit besonders empfohlen.[164] Häufig werden Erbsen auch an Gerüsten aus Maschendraht gezogen.

Die weitere Pflege der Erbsen beschränkt sich auf das Entfernen von Unkraut und gelegentliches Gießen in anhaltenden Trockenzeiten. Mit Beginn der Blüte und Fruchtausbildung steigt der Wasserbedarf jedoch und die Pflanzen sind für regelmäßige Bewässerung dankbar.

Zur Ernte werden, je nach Sorte, die noch unreifen Hülsen nach und nach gepflückt und ausgekernt, wie bei den Markerbsen, oder im ganzen verwendet wie bei den Zuckererbsen. Auch die jungen Schalerbsen können als Grüngemüse zubereitet werden. Beim Durchpflücken ist darauf zu achten, dass keine Triebe und Blütenstände beschädigt oder abgerissen werden. Zur Gewinnung von Trockenkocherbsen werden nur Schalerbsen verwendet. Man lässt sie vollständig ausreifen, rauft die ganzen Pflanzen aus, hängt sie zum Nachtrocknen an einem geschützten Platz auf und drischt oder schlägt die Körner aus.

DIE LINSE

Der Linsenanbau im Haus- oder Kleingarten war in Deutschland schon in früheren Zeiten eher selten und ist gegenwärtig wohl kaum irgendwo anzutreffen. Dennoch soll hier der Vollständigkeit halber eine kurze Kulturanleitung gegeben werden.

Für das optimale Gedeihen der Linse sind sehr durchlässige, kalkhaltige Böden erforderlich, die sich gut erwärmen und überschüssige Feuchtigkeit rasch ableiten. Der Nährstoffgehalt kann vergleichsweise gering sein. In der älteren Literatur werden sogar ausgesprochen magere Standorte, etwa feinerdearme Schutt- oder Sandböden (sofern sie nur kalkhaltig sind) für den Linsenanbau empfohlen. Eine Düngung kann für gewöhnlich vollständig unterbleiben.

Als Vorfrucht wird, wie bei der Erbse, eine Hackfrucht empfohlen, da die Linse dankbar für möglichst unkrautfreie Böden ist. Nach sich selbst oder anderen Hülsenfrüchtlern sollten Linsen erst nach fünf bis sechs Jahren wieder angebaut werden.

Gartenlinsen werden nicht vor Ende April, Anfang Mai gesät. Zwar sind sie durchaus nicht kälteempfindlich, beginnen bereits bei Bodentemperaturen von 4-5° C zu keimen und erfrieren erst bei etwa -8° C, doch leiden frühe Aussaaten in unserem Klima unter der Frühjahrsfeuchtigkeit. Man sät breitwürfig oder reihenweise mit 30 cm Abstand. Die Samen sollten etwa 3 cm tief zu liegen kommen. Als wichtigste Kulturmaßnahme gilt das Lockern und Freihalten der Beete von Unkraut durch mehrmaliges Hacken. Auf Bewässerung kann bei uns in der Regel verzichtet werden. Nur bei langanhaltender Dürre während der Zeit nach der Blüte kann ein gelegentliches Gießen zur Förderung der Fruchtausbildung vorteilhaft sein. Grundsätzlich gilt jedoch, dass Nässe mehr schadet als Trockenheit.

Die Kulturdauer beträgt etwa vier Monate. Die Linsen können schon vor der Vollreife geerntet werden. Sobald die Hülsen beginnen braun zu werden, zieht man die ganzen Pflanzen aus, hängt sie zum Nachtrocknen auf und drischt sie nach Bedarf aus.

Die Puffbohne

Im Gegensatz zu den übrigen Hülsenfrüchtlern bevorzugt die Puffbohne ausgesprochen schwere Böden. Tiefgründige, nährstoffreiche, kalkhaltige Ton- und Lehmböden mit guter Wasserversorgung können als optimal gelten, auch feuchte Moor- und Humusböden kommen in Betracht, nicht jedoch leichte und trockene, sowie (stau-)nasse und flachgründige Standorte. An die Nährstoffversorgung stellt die Puffbohne hohe Ansprüche. Sie verträgt durchaus » ... frische Düngung mit Stallmist und erweist sich für dieselbe vielfach dankbar.« [165] Im Hausgarten kann der Mist durch Kompost ersetzt werden. Für Böden, die einen pH-Wert von weniger als 7,0 aufweisen, ist zusätzlich eine Kalkgabe zu empfehlen. Da die Aussaat sehr früh im Jahr erfolgt, ist die Düngung bereits im Herbst beim Umgraben vorzunehmen.

Hinsichtlich der Fruchtfolge gibt es wenig zu beachten. »Es dürfte schwer halten, eine Vorfrucht namhaft zu machen, welche als solche durchaus unpassend wäre, ebenso wie andererseits eine solche, die für die Ackerbohne besonders gedeihlich ist.« [166] Lediglich der wiederholte Anbau nach sich selbst oder verwandten Arten kann nicht empfohlen werden. Generell sollte man Hülsenfrüchtler in einem Zeitraum von drei Jahren höchstens einmal auf dasselbe Beet bringen.

Puffbohnen sind sehr widerstandfähig gegen niedrige Temperaturen und sollten aufgrund ihrer langen Vegetationsdauer und ihrer Empfindlichkeit gegen trocken-heiße Witterung so früh wie möglich gesät werden, in milden Lagen im Februar, spätestens jedoch im März. Die Aussaat erfolgt in Reihen im Abstand von 40 cm, innerhalb der Reihe im Abstand von 10 cm. Die Saattiefe sollte nicht unter 5 cm liegen. Um das Auflaufen zu beschleunigen, können die Samen 24 Stunden in Wasser vorgequollen werden. Sobald die Keimlinge sichtbar sind wird gehackt und bei zunehmender Wuchshöhe angehäufelt, um die Standsicherheit zu erhöhen. Bei Trockenheit muss regelmäßig gegossen werden, da die Pflanzen sonst im Wachstum nachlassen, nur wenige Früchte ansetzen und überdies stark von Läusen befallen werden. Die Schwarze Bohnenblattlaus gilt als der Hauptschädling der Puffbohne. Trocken-heiße Witterung und schlecht durchlüftete Lagen fördern ihre Verbreitung. Zur Vermeidung größerer Schäden ist es ratsam, die Kulturen regelmäßig zu kontrollieren und bei den ersten Anzeichen die befallenen Triebenden zu entspitzen. Diese Maßnahme fördert zudem die Entwicklung der bereits angesetzten Hülsen.

Die Ernte beginnt meist Ende Juni bis Anfang Juli. Für die Verwendung als Frischgemüse werden die ausgewachsenen, noch grünen Hülsen mehrmals durchgepflückt und ausgekernt. Den richtigen Erntezeitpunkt zu erkennen ist nicht ganz einfach. Die Samen sollen ihre volle Größe erreicht haben, aber noch weich sein, Nabel- und Kornfarbe übereinstimmen. Zur Gewinnung von Trockenbohnen erntet man, wenn die Hülsen braunschwarz verfärbt sind.

Die Gartenbohne

Gartenbohnen können auf fast allen Böden angebaut werden, solange sie nicht ausgesprochen nass sind und einen ausreichenden Kalk- und Humusgehalt aufweisen. Als optimal gelten mittelschwere Lehm-, vor allem Lößlehmböden. Leichtere, sandige Lehm- und Mergelböden sind besonders für die Kultur von Trockenbohnen geeignet. Die Ansprüche der Gartenbohne an die Nährstoffversorgung liegen zwischen denen der Erbse und der Puffbohne. Sie steht am besten in zweiter Tracht nach einer mit Stallmist gedüngten Vorfrucht, allerdings verträgt sie auch frische organische Düngergaben in Form von gut verrottetem Mist oder Kompost, die im Herbst untergegraben wurden. Böden, die einen pH-Wert von unter 6,0 aufweisen, sollten im Herbst gekalkt werden.

Hinsichtlich der Fruchtfolge verhält sich die Gartenbohne ebenso wie die Puffbohne, kann also in beliebiger Stellung kultiviert werden. Lediglich für den Feldanbau wird in der Regel Getreide als Vorfrucht empfohlen. Im biologisch bewirtschafteten Haus- und Kleingarten werden Buschbohnen gern in Mischkultur mit Bohnenkraut, Sellerie, Möhren oder Blumenkohl angebaut.

Gartenbohnen sind sehr kälteempfindlich und erfrieren bei Temperaturen unter 0° C. Zum Keimen benötigen sie eine Mindestbodentemperatur von 8-10° C. Die erste Freilandaussaat sollte daher nicht vor Mitte Mai erfolgen. Um frühere Ernten zu erzielen, lassen sich Gartenbohnen im Gewächshaus oder im warmen Frühbeet ab Ende April in Töpfen vorkultivieren und nach den Eisheiligen auspflanzen. Folgesaaten können bis Anfang Juli ausgebracht werden, doch eignen sich für die späten Saattermine nur noch frühreifende Buschbohnensorten zur Grünpflücke.

Buschbohnen tragen generell früher und sind einfacher in der Kultur als Stangenbohnen. Für die Gewinnung von Trockenkochbohnen sind sie in unserem Klima aufgrund der kürzeren Vegetationszeit wesentlich besser geeignet. Dagegen gelten Stangenbohnen zwar als anspruchsvoller, jedoch ertragreicher und geschmacklich feiner als die niedrigen Sorten. Innerhalb beider Gruppen sind die gelbhülsigen in der Regel zarter, aber auch empfindlicher als die grünhülsigen Bohnen. Bei der Sortenauswahl sollte man außerdem bedenken, dass die hochwüchsigen Stangenbohnen sehr windempfindlich sind und durch Schattenwurf benachbarte Kulturen beeinträchtigen können. Die Gartenbohne selbst erträgt leichten Halbschatten, wenn sie nur als Grüngemüse geerntet werden soll. Zur Gewinnung reifer Körner sind vollsonnige, warme Standorte zu bevorzugen.

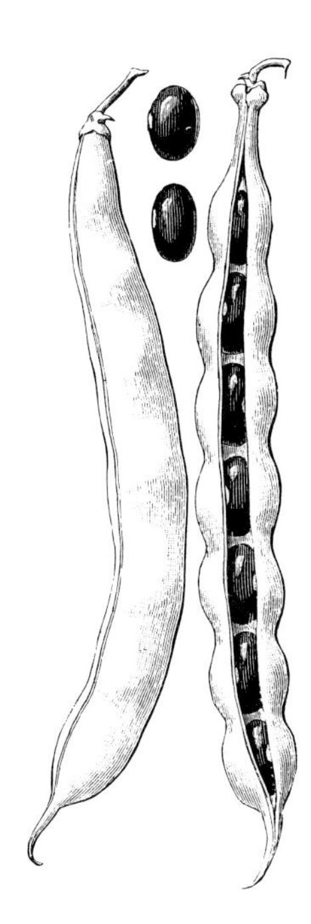

Bohnenhülsen. Aus: Vilmorin-Andrieux: The vegetable garden, S. 59.

Die Aussaat der Buschbohnen erfolgt entweder in Reihen mit 40-50 cm Abstand, wobei alle 5-8 cm ein Korn gelegt wird, oder in Horsten mit vier bis sechs Samen im Abstand von 40 x 50 cm. Die Saattiefe beträgt ca. 3 cm. Zum Keimen benötigen die Samen gleichmäßige Feuchtigkeit, es ist also schon vor dem Auflaufen im Bedarfsfall zu gießen. Sobald sich die Keimlinge zeigen wird fleißig gehackt und entsprechend dem Wachstum angehäufelt. Bohnen verlangen einen gut durchlüfteten, gelockerten Boden und gleichmäßige Wasserversorgung, bedürfen also in Trockenzeiten der regelmäßigen Bewässerung. Die Ernte der grünen Hülsen erfolgt nach und nach über mehrere Wochen. Beim Durchpflücken ist sehr darauf zu achten, dass keine Triebe beschädigt oder abgerissen werden. Die Ernte von Trockenkochbohnen erfolgt am besten vor der Vollreife, wenn die Hülsen zwar zäh, aber noch nicht spröde geworden und die Samen voll ausgebildet sind. Die Pflanzen werden ausgezogen und an einem geschützten Platz zum Nachreifen aufgehängt. Die Kerne können anschließend ausgeschlagen oder -gedroschen, bei kleineren Mengen auch von Hand ausgehülst werden.

Zum Anbau von Stangenbohnen werden in der Regel bereits vor der Aussaat die Stützen gesetzt. Diese bestehen traditionell aus etwa 3 m langen, dünnen Fichtenstangen, die am dickeren Ende angespitzt und etwa ½ m tief in den Boden gesteckt werden. Für die Anordnung gibt es mehrere Möglichkeiten: Senkrechte Einzelstangen im Abstand von 60 x 60 cm; Pyramiden aus drei oder vier schräg zueinander stehenden Stangen, ebenfalls im Abstand von je 60 cm voneinander, die oben zusammengebunden werden; zelt- oder dachartige Gerüste aus zwei schräg zueinander stehenden Stangenreihen im Abstand von 60 cm, die sich paarweise oben kreuzen. Zur Stabilisierung wird in diese Kreuzungspunkte eine zusätzliche Stange horizontal eingelegt und befestigt. Um jede Stange werden in eine flache, tellerförmige Grube sechs bis acht Samen gelegt, ca. 3 cm hoch mit Erde überdeckt und angedrückt. Gießen, Hacken und Anhäufeln erfolgen wie bei der Buschbohnenkultur. Wenn die Pflanzen zu winden beginnen sollte regelmäßig kontrolliert werden, ob sie an den Stangen Halt finden. Notfalls wird von Hand nachgeholfen, wobei zu beachten ist, dass Gartenbohnen stets nach links winden.

Stangenbohnen werden bei uns ausschließlich für Grüngemüse angebaut. Sie können über einen längeren Zeitraum beerntet werden als Buschbohnen, da immer wieder neue Blüten und Früchte gebildet werden. Das Durchpflücken muss auch hier mit Vorsicht geschehen, da die Ranken leicht beschädigt oder abgerissen werden können. Zur Gewinnung von reifen Samen für die Nachzucht lässt man einige der zuerst gebildeten Hülsen hängen, bis die Schalen völlig trocken und brüchig geworden sind. In feuchtkühlen Jahren wird dies, zumindest in raueren Lagen, jedoch nicht immer gelingen.

Die Feuerbohne

Die Feuerbohne stellt an Boden- und Nährstoffverhältnisse die gleichen Ansprüche wie die Gartenbohne, verlangt jedoch mehr Feuchtigkeit und ist weniger wärmebedürftig. In ausgesprochen warmen Lagen und bei trockenheißer Witterung gedeiht sie schlecht und gibt wenig Ertrag. Sie ist daher die ideale Bohne für rauere Höhenlagen mit kühlen Sommertemperaturen und reichlichen Niederschlägen.

Obgleich bei der Feuerbohne niedrige Buschtypen auftreten, werden in der Regel nur die hochwüchsigen Formen angebaut, die in der Kultur wie Stangenbohnen behandelt werden. Aufgrund des starken Wachstums sollten jedoch die Stützen eher etwas länger gewählt werden, auch genügen fünf Samen pro Stange, die ab Anfang Mai gelegt werden können. Die Bewässerung in Trockenzeiten ist von besonderer Wichtigkeit, da ansonsten die Blüten abfallen und kein Fruchtansatz erfolgt.

Die Hülsen der Feuerbohnen werden bald zäh und müssen daher in sehr jungem Zustand geerntet werden. Die Verwendung als Trockenbohne ist zwar möglich, jedoch wegen ihrer im Vergleich zur Gartenbohne geringeren geschmacklichen Qualität wenig verbreitet.

Schalerbsen

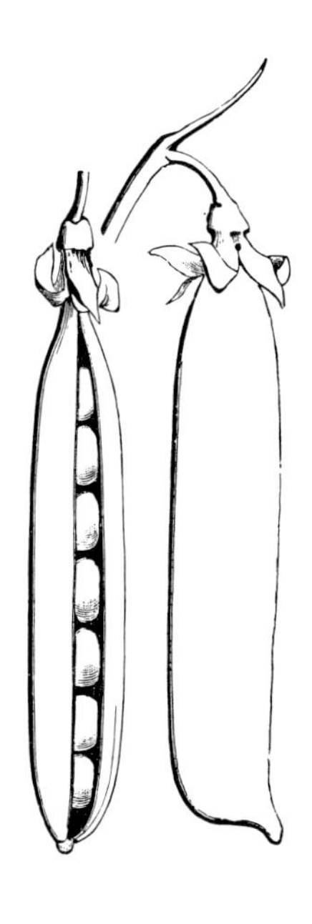

Alauws Schokker
Kapuzinererbse

Sorte mit hübschen, purpurfarbenen Blüten und blauvioletten Hülsen. Bei Trockenreife rötlich-braunes Korn. Wuchshöhe ca. 160 cm. Rotblühende Erbsen werden unter dem Namen Kapuzinererbse schon in der Gartenliteratur des 19. Jahrhunderts beschrieben.[167]

Caractacus
Dickson's First and Best

Ertragreiche, frühreifende Sorte mit hellgelbem Trockenkorn, die bereits Ende des 19. Jahrhunderts vor allem in Frankreich weit verbreitet war.[168] Wuchshöhe ca. 80 cm.

Großhülsige Schnabel
Serpette d'Auvergne, White Scimitar Pea

Altbekannte Sorte mit langen, spitz zulaufenden Hülsen (daher die Bezeichnung Schnabel). Gelbes Trockenkorn, Wuchshöhe ca. 160 cm.

Schalerbse der Sorte ›Caractacus‹. Aus: Vilmorin-Andrieux: The vegetable garden, S. 391.

Kleine Rheinländerin

Nur ca. 35 cm hohe sogenannte Buscherbse, die ohne Reiser angebaut werden kann. Schnabelförmige Hülsen mit grünbleibendem Korn.

Maiperle

Sehr frühreifende, seit den 50er Jahren in Deutschland zugelassene Sorte mit eher kurzen, stumpfen Hülsen. Gelbes Trockenkorn, Wuchshöhe ca. 105 cm.

Rheinperle

Neuere, frühreifende Sorte mit langen, schnabelförmigen Hülsen und grünbleibendem Korn. Wuchshöhe ca. 60 cm.

Überreich
Bountiful, Pois le généreux

Alte, sehr ertragreiche, mittelfrüh reifende Sorte mit grünbleibendem Korn. Wuchshöhe ca. 80 cm.

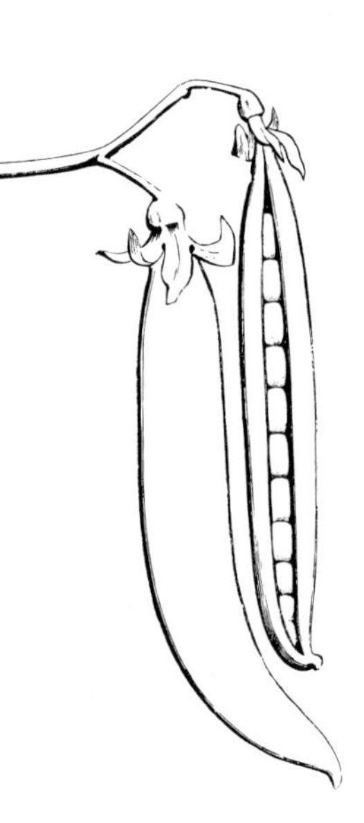

Schalerbse der Sorte ›Großhülsige Schnabel‹. Aus: Vilmorin-Andrieux: The vegetable garden, S. 396.

Markerbsen

Alderman
Pois roi des halles

Späte, sehr ertragreiche Sorte, die schon seit Anfang des 20. Jahrhunderts bekannt ist. Sehr lange, schnabelförmige Hülsen, gelblich-grünes Trockenkorn. Wuchshöhe ca. 150 cm.

Kelvex

Seit 1961 in Deutschland zugelassene, im Hausgarten gern angebaute, robuste, mittelfrühe Sorte. Lange, spitz zulaufende Hülsen mit dunkelgrünem, auch bei Reife grünbleibendem Korn. Höhe ca. 70 cm.

Lancet

Ertragreiche Sorte mit mittlerer bis später Reifezeit. Sortentypisch entwickeln sich je zwei Hülsen pro Fruchtstand. Trockenkorn grün, Höhe ca. 80 cm.

Markana

Neuere, sogenannte fiederblattlose Sorte. Die seitlichen Fiederblättchen sind zu Ranken umgewandelt, mit deren Hilfe sich die Pflanzen gegenseitig stützen und daher trotz einer Wuchshöhe von ca. 85 cm nicht unbedingt gereisert werden müssen. Späte bis sehr späte Reifezeit, grünbleibendes Korn.

Maxigolt

Ertragreiche, mittel bis spät reifende Sorte, die sich besonders durch eine geringe Anfälligkeit für Fusarium (St. Johanniskrankheit) auszeichnet. Lange, stumpf endende Hülsen mit grünbleibendem Korn. Wuchshöhe ca. 90 cm.

Ranka

Neue, fiederblattlose Sorte mit später Reifezeit und langen, spitz zulaufenden Hülsen. Grünbleibendes Korn, Wuchshöhe ca. 80 cm.

Senator
Sénateur

Alte, schon bei Becker-Dillingen als »schöne und gute Markterbse« gelobte Sorte mit mittelfrüher Reifezeit.[169] Lange, schnabelförmige Hülsen. Wuchshöhe ca. 90 cm.

Wunder von Amerika
Merveille d'Amerique,
American Wonder

Früh reifende, mit kaum 30 cm Wuchshöhe extrem niedrige Sorte, die bereits seit Ende des 19. Jahrhunderts bekannt ist. Fruwirth beschreibt sie als »sehr geschätzte Gartenerbse«.[170] Vergleichsweise kurze Hülsen mit bei Trockenreife hellgrünem Korn.

Wunder von Kelvedon
Kelvedon Wonder,
Merveille de Kelvedon

Alte, seit 1925 im Handel befindliche, noch immer weitverbreitete Sorte für den Anbau im Hausgarten. Frühe bis mittlere Reifezeit, mittellange, spitz zulaufende Hülsen mit grünbleibendem Korn. Wuchshöhe ca. 60 cm.

Zuckererbsen

Ambrosia

Seit 1956 zugelassene, besonders in Ostdeutschland verbreitete Sorte mit mittlerer Reifezeit. Bemerkenswert ist die geringe Anfälligkeit für Fusarium. Kornfarbe bei Trockenreife gelb, Wuchshöhe ca. 80 cm.

Frühe Heinrich

Ältere, ertragreiche Sorte mit früher Reifezeit. Kornfarbe bei Trockenreife gelb, Wuchshöhe ca. 120 cm.

Grüne Schweizer Riesen
Géant Suisse

Alte, violettblühende Sorte aus der Schweiz, die sich durch besonders lange, gerade Hülsen auszeichnet. Rötlich-braunes Trockenkorn, Wuchshöhe ca. 160 cm. Nach Becker-Dillingen »in Bezug auf Wachstum und Hülsengröße eine der größten Zuckererbsen«.[171]

Sugar Bon

Neuere Sorte mit dickfleischigen Hülsen und geringer Kornmarkierung, wie sie für die sogenannten »snap-peas« typisch sind. Sehr wiederstandfähig gegen Echten Mehltau und nur gering anfällig für Fusarium. Vergleichsweise kurze, gekrümmte Hülsen mit grünbleibendem Korn. Wuchshöhe ca. 80 cm.

LINSEN

Anicia

Sehr kleinsamige, französische Sorte vom Typ der Puy-Linse (Verte du Puy) mit dunkelgrünem, grauschwarz gezeichneten Korn.

Rose de Champagne

Eine ebenfalls aus Frankreich stammende Sorte mit kleinen, bräunlich rosa gefärbten Körnern von ganz ausgezeichnetem Geschmack.

Die Linse. Aus: Vilmorin-Andrieux: The vegetable garden, S. 286.

Puffbohnen

Agua-Dulce
Long-podded Bean
d'Agualduce
á très longue cosse

Sehr alte, in ganz Europa einst weitverbreitete Sorte, die sich durch besonders lange Hülsen und reichen Fruchtansatz auszeichnet. Großes, rötlich braun gefärbtes Korn.

Con Amore

Seit den 50er Jahren bekannte niederländische Sorte mit weißem Frischkorn, das sich beim Kochen und bei der Trockenreife braun verfärbt. Frühe Reifezeit.

Dreifach-Weiße
Driemaal Wit, Threefold White, Trois fois Blanches

Altbewährte, mittelfrüh reifende, weißkörnige Sorte, die beim Kochen nicht verfärbt. Bemerkenswert ist ihre gute Standfestigkeit.

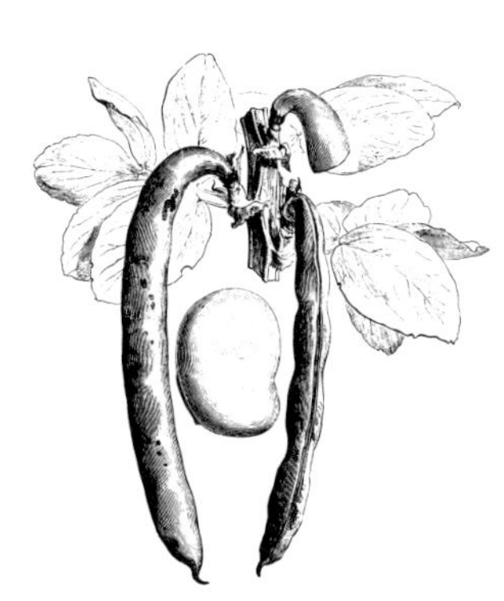

Puffbohne der Sorte ›Agua-Dulce‹. Aus: Vilmorin-Andrieux: The vegetable garden, S. 26.

Extra Précoce a grano violetto

Sehr frühreifende Sorte mit dunkelviolett gefärbtem Korn. Eine vergleichbare Sorte wird unter der Bezeichnung Purple Bean bzw. Fève Violette bereits in der Literatur des 19. Jahrhunderts genannt.[172]

Frühe Weißkeimige
Witkiem, Meteor

Seit den 40er Jahren im Handel befindliche und weit verbreitete Sorte mit früher Reifezeit und weißem Frischkorn, das beim Kochen und bei der Trockenreife braun verfärbt.

Hangdown Grünkernig
Groene Hangers

Eine ebenfalls schon ältere niederländische Sorte mit hohem Wuchs, langen Hülsen und grünem Korn. Mittelfrühe Reifezeit.

Buschbohnen

Berggold

Seit den 60er Jahren in Deutschland zugelassene und besonders in Ostdeutschland verbreitete Sorte mit gelben, rundovalen Hülsen ohne Fäden. Mittlere Reifezeit, längliches, weißes Trockenkorn.

Doppelte Holländische Prinzessin
Princesse record de Hollande

Alte, seit der ersten Hälfte des 20. Jahrhunderts im Handel befindliche Sorte mit ovalen, kurzen, grün gefärbten Hülsen. Mittlere bis späte Reifezeit, länglich-ovales, weißes Trockenkorn.

Flageolet grünbleibende Chevrier
Flageolet Chevrier vert

Alte Sorte, die nach Fruhwirth im Jahre 1878 von einem Bauern namens Chevrier zu Brétigny sur Orge zufällig gefunden wurde.[173] Korn und Hülse bleiben bei der Reife grün. Allerdings behält das Trockenkorn diese Farbe nur, wenn die Bohnen kurz vor der Vollreife geerntet und im Schatten nachgetrocknet werden.[174] Sowohl als Frischgemüse wie als Trockenkochbohne verwendbar.

Frühe dickfleischige Wachs

Seit über 50 Jahre im Handel befindliche gelbhülsige, fadenlose Sorte mit früher Reifezeit. Mittellange, ovale Hülsen mit weißem, länglichen Trockenkorn.

Hildora

Wenig krankheitsanfällige Sorte mit runden, mittellangen, gelbgefärbten Hülsen ohne Fäden. Mittlere Reifezeit, längliches, weißes Trockenkorn.

Hinrichs Riesen

Altbewährte, mittelfrühe, fadenlose Sorte mit weißgrundigem, leicht marmorierten Korn. Bei Becker-Dillingen als »die ertragreichste und wiederstandsfähigste Buschbohne« beschrieben.[175]

Janus

Filetbohne ohne Fäden mit langen, runden Hülsen und schwarzem Korn. Sehr ertragreich und wiederstandsfähig gegen Krankheiten.

Jaune de la Chine
Oval Yellow China

Sehr alte Trockenbohnensorte mit rund-ovalem, schwefelgelben Korn. Wird schon bei Vilmorin als eine der weltweit verbreitetsten Sorten beschrieben.[176]

Buschbohne der Sorte ›Jaune de la Chine‹. Aus: Vilmorin-Andrieux: The vegetable garden, S. 64.

Maxi

Eine neuere Sorte vom sogenannten »Gluckentyp«, bei dem die Hülsen über dem Laub stehen und somit leichter zu ernten sind. Mittelfrühe Reifezeit, hellbraunes, längliches Trockenkorn.

Pfälzer Juni

Seit 1965 in Deutschland zugelassene Schwertbohnensorte mit sehr breiten, flachen Hülsen ohne Fäden. Frühe Reifezeit, relativ großes, beigefarbenes Trockenkorn.

Processor
Sotexa

Ältere, schon seit den 50er Jahren im Handel befindliche, ertragreiche Sorte mit runden Hülsen. Mittlere Reifezeit, längliches, weißes Trockenkorn.

Purple Teepee

Neuere Sorte des »Gluckentyps« mit dunkel-violett gefärbten Hülsen, die beim Kochen grün werden. Braunes Trockenkorn. Im Samenhandel ist vom selben Typ auch eine grünhülsige (Cropper Teepee) und eine gelbhülsige (Golden Teepee) Variante erhältlich.

Rose d'Eyragues

Sehr früh reifende, ertragreiche Trockenbohne französischer Herkunft mit rötlich marmorierten Hülsen und rosafarbenem mit Purpur gefleckten Korn.

Saint-Esprit à Oeil Rouge
Haricot à la religieuse, Nombril de bonne sœr, Spread-Eagle oder Dove Kidney Bean

Sehr alte Trockenbohnensorte mit weißem Korn und purpurfarbener Nabelzeichnung, die zu vielfacher Deutung Anlass gegeben hat. In Deutschland bezeichnet man solche Formen volkstümlich als Monstranz-Bohnen. Gelegentlich wurden sie früher sogar zur Herstellung von Rosenkränzen verwendet.

Saxa

Seit 1912 im Handel befindliche, altbewährte Sorte, die wegen ihrer Unempfindlichkeit gegenüber kühler Witterung noch immer gern im Hausgarten angebaut wird. Mittelfrühe Reifezeit, braunes Trockenkorn.

Sequoia

Fadenlose Schwertbohnensorte mit violetten Hülsen, die sich beim Kochen grün färben. Frühe Reifezeit, hellbraunes, rundlich-ovales Korn.

Triomphe de Farcy

Filetbohne mit dekorativen, grün und violett marmorierten Hülsen. Frühe Reifezeit, brau und schwarz geflecktes, längliches Trockenkorn.

Wachs Beste von Allen

Ältere Sorte ohne Fäden, mit dickfleischigen, gekrümmten, goldgelb gefärbten Hülsen. Mittlere Reifezeit, weißgrundiges Korn mit schwarzen Nabelflecken.

Stangenbohnen

Blauhilde

Seit 1964 in Deutschland zugelassene Sorte mit langen, rundovalen, fadenlosen Hülsen von dunkelvioletter Farbe, beim Kochen grün werdend. Mittlere bis späte Reifezeit, hellbraunes Korn.

Coco blanc Sophie

Sehr ertragreiche Trockenbohne, die schon seit dem späten 19. Jahrhundert bekannt ist. Breite, hellgrüne Hülsen mit reinweißem, rundovalen Korn.

Coco rouge de Prague

Trockenbohne mit grün und rot marmorierten Hülsen und bräunlichrosa gefärbtem, mit dunkelroten Flecken und Streifen gezeichneten Korn.

Cor des Alpes
Haricot de paysannes en Suisse

Alte Schweizer Sorte mit zart violett gefärbten Blüten und stark gebogenen, grün und violett panaschierten Hülsen ohne Fäden. Korn braun mit violettschwarzer Marmorierung.

Goldelfe

Seit 1958 in Deutschland zugelassene, bewährte Sorte mit goldgelben Hülsen. Bemerkenswert ist ihre geringe Anfälligkeit für das Gewöhnliche Bohnenmosaikvirus. Späte bis sehr späte Reifezeit, weißes Trockenkorn.

Goldmarie

Eine ebenfalls gelb gefärbte, ihrer sehr breiten und flachen Hülsenform nach als Schwertbohne einzustufende Sorte mit früher Reifezeit. Weißes Trockenkorn.

Markant

Ertragreiche, robuste Sorte mit sehr langen, runden, dunkelgrün gefärbten Hülsen und weißem Trockenkorn. Reifezeit früh bis mittel.

Neckargold

Ältere, mittel bis spät reifende Sorte mit langen, geraden, runden Hülsen von goldgelber Färbung. Nicht anfällig für Bohnenmosaikerkrankung. Weißes Trockenkorn.

Neckarkönigin

Bewährte und im Hausgartenanbau weit verbreitete Sorte mit dunkelgrünen, rundovalen, sehr langen Hülsen ohne Fäden. Mittlere bis späte Reifezeit, weißes Trockenkorn.

Phénomène
Phänomen

Alte, sehr ertragreiche Sorte mit dickfleischigen, grünen Hülsen. Nach Becker-Dillingen »sehr empfehlenswert«.[177] Mittelfrühe Reifezeit, weißes, relativ großes Trockenkorn.

Zuckerperl
Princesse à rames, Princess Runner Kidney bean

Seit dem späten 19. Jahrhundert bekannte Sorte mit vergleichsweise kurzen, geraden Hülsen und rundlichem, weißen Korn. Sowohl als grüne Brechbohne, wie auch als Trockenkochbohne verwendbar.

Zebrina
Selma-Zébre

Aus der Schweiz stammende, sehr früh reifende, jedoch kälteempfindliche Sorte mit grün und violett panaschierten Hülsen ohne Fäden und braunrosa gefärbtem Korn mit schwarzer Zeichnung. Sogenannte Zebrafisolen werden bereits in der Gartenbauliteratur des 19. Jahrhunderts erwähnt.

Soissons vert

Sehr alte, ertragreiche Trockenbohnensorte aus Frankreich mit großem, bei Reife ansprechend grün bleibenden Korn.

Toplong

Wenig krankheitsanfällige, ertragreiche Sorte mit außerordentlich langen, breiten Hülsen ohne Fäden. Mittlere Reifezeit, weißes Trockenkorn.

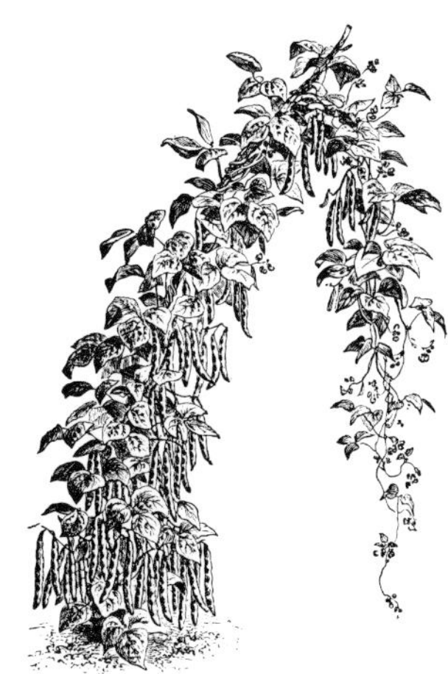

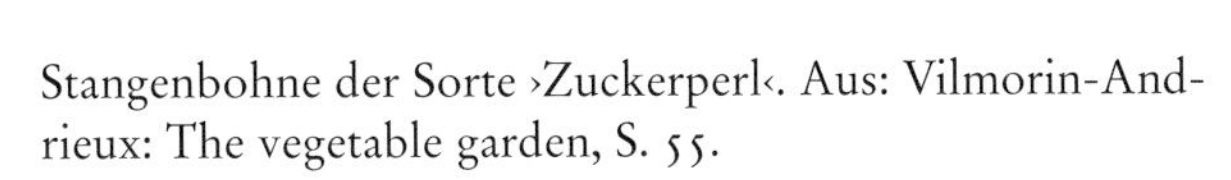

Stangenbohne der Sorte ›Zuckerperl‹. Aus: Vilmorin-Andrieux: The vegetable garden, S. 55.

FEUERBOHNEN

Preisgewinner
Prizewinner

Rotblühende, sehr ertragreiche und langhülsige Sorte mit später Reifezeit. Korn rotviolett mit schwarzen Flecken.

Weiße Riesen
Mammouth White

Unterscheidet sich von der vorgenannten Sorte durch die reinweißen Blüten und das cremeweiße Trockenkorn.

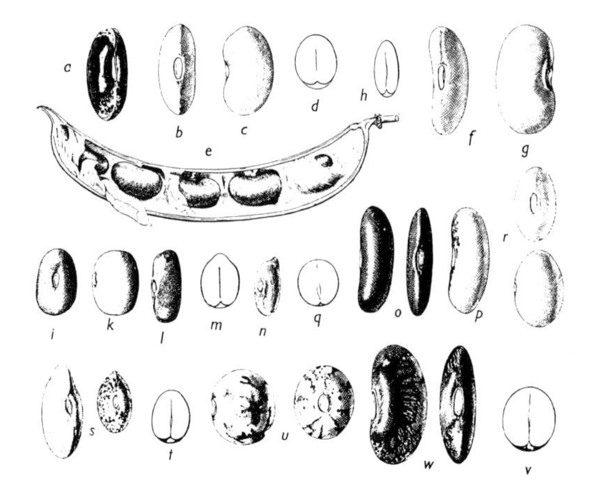

Verschiedene Samen der Garten- und Feuerbohnen. Aus: Gustav Hegi: Illustrierte Flora von Mitteleuropa, Bd. IV, Teil 3, S. 1633.

Vorspeisen und Suppen

Lauwarmer Linsensalat

Für 4 Personen:

200 g Linsen
2 Schalotten
1 Knoblauchzehe
1 Lorbeerblatt
eine Handvoll frische Oregano- oder Majoranblätter
1 Teelöffel Senf
3 Esslöffel Weinessig
Olivenöl
Salz und Pfeffer
einige Kopfsalatblätter

Linsen verlesen, waschen, mit dem Lorbeerblatt und reichlich ungesalzenem Wasser aufsetzen und weich, jedoch nicht zu weich kochen. Die Kochzeit ist je nach Sorte und Alter der Linsen sehr unterschiedlich, also immer wieder probieren!

Inzwischen drei Esslöffel milden Weinessig mit einem guten Teelöffel Senf, einem Teelöffel Salz und einer reichlichen Prise Pfeffer (möglichst frisch aus der Mühle) vermischen. Schalotten und Oregano- oder Majoranblätter fein hacken, die Knoblauchzehe durchpressen, alles zur Senf-Essigmarinade geben und durchziehen lassen. Fertig gekochte Linsen abgießen und kurz mit kaltem Wasser überbrausen. Das Lorbeerblatt entfernen, die gut abgetropften Linsen zur Marinade geben und durchmischen. Eventuell mit Salz, Pfeffer und Essig nachwürzen. Zum Schluss drei bis vier Esslöffel gutes Olivenöl darunter ziehen. Auf frischen Salatblättern anrichten und servieren.

Croûtons mit Bohnencreme und Speck

Für ca. 24 Croûtons:

150 g getrocknete Puffbohnen, mindestens 12 Stunden eingeweicht
300 ml ungesalzener Gemüse- oder Geflügelfond
100 g magerer, geräucherter Bauchspeck
2 Schalotten
2 Knoblauchzehen
5 Esslöffel Olivenöl
1 Lorbeerblatt
einige frische Salbeiblätter
ein Stängel Petersilie
Salz, Pfeffer
Stangenweißbrot

Getrocknete Puffbohnen besitzen eine sehr zähe Haut und sollten vor der Zubereitung geschält werden. Die Prozedur ist zwar etwas aufwendig, verbessert aber den Geschmack und verkürzt die Kochzeit der Bohnen. Außerdem sind geschälte Hülsenfrüchte (nicht nur Puffbohnen) leichter verdaulich und blähen nicht so stark.

Die Puffbohnen werden im Einweichwasser aufgekocht, nach 2-3 Minuten Kochzeit abgegossen, mit kaltem Wasser überbraust und geschält. Dazu benutzt man am besten ein kleines, spitzes Messer. Die geschälten Bohnen werden zusammen mit den in grobe Stücke geschnittenen Schalotten und dem Lorbeerblatt mit Gemüse- oder Geflügelfond aufgesetzt und weichgekocht. Je nach Alter der Bohnen dauert dies zwischen 20 und 40 Minuten. Die Bohnen sollten stets mit Flüssigkeit bedeckt sein, eventuell muss etwas heißes Wasser nachgegossen werden. Nach dem Ende der Kochzeit das Lorbeerblatt entfernen und das abgegossene Gemüse mit vier Esslöffeln bestem Olivenöl (extra vergine) im Mixer pürieren. Es soll eine samtig weiche Creme entstehen. Fein gehackte Petersilie und frisch durchgepresste Knoblauchzehen unterziehen, mit Salz und frisch gemahlenem Pfeffer abschmecken. Bauchspeck in feine Streifen schneiden und im restlichen Olivenöl knusprig braten. Salbeiblätter ebenfalls in feine Streifen schneiden und mit dem noch heißen Speck vermischen.

Dünne Weißbrotscheiben toasten, mit der Bohnencreme bestreichen und mit der Speck-/Salbeimischung belegen. Diese Croûtons passen ausgezeichnet zum Aperitif oder können als Bestandteil einer gemischten Vorspeisenplatte gereicht werden. Das Rezept kann auch mit gewöhnlichen Trockenbohnen zubereitet werden, die ebenfalls geschält werden sollten. Den typischen Geschmack erzielt man allerdings nur mit Puffbohnen.

Linsencremesuppe

Für 4 Personen:

200 g geschälte Linsen
1 große Kartoffel (mehlig kochende Sorte)
1 große Zwiebel
2 Knoblauchzehen
1 l Wasser
150 g geräucherter, magerer Bauchspeck mit Schwarte
2 Esslöffel Butter
150 ml Sahne
1 Lorbeerblatt
Majoran
Salz, Pfeffer
einige Tropfen Essig

Schwarte vom Speck abschneiden. Zwiebel und Knoblauch hacken und mit dem Lorbeerblatt in einem Esslöffel Butter anziehen lassen. Wasser, Linsen und die in Würfel geschnittene Kartoffel zugeben, zum Kochen bringen und abschäumen. Eine Prise gerebelten Majoran und die Speckschwarte zugeben, den Deckel auflegen und alles gut weich kochen lassen, was je nach verwendeter Linsensorte etwa 15 bis 30 Minuten dauert.

In der Zwischenzeit den Speck in Würfel oder feine Streifen schneiden und in einem zweiten Suppentopf in der restlichen Butter anbraten, dann beiseite stellen. Die Suppe nach dem Entfernen der Speckschwarte und des Lorbeerblattes pürieren und zu dem gebratenen Speck geben. Mit Salz, Pfeffer und einigen Tropfen Essig abschmecken und nochmals aufkochen lassen. Vom Feuer nehmen, die Sahne unterziehen und nach Wunsch mit frischem Weißbrot oder in Butter gerösteten Brotwürfeln servieren.

Erbsensuppe

Für 4 Personen:

- 200 g geschälte Trockenerbsen, über Nacht in 1 l Wasser eingeweicht
- 100 g geräucherter, magerer Bauchspeck
- 1 Zwiebel
- 1 Karotte
- 1 Stange Bleichsellerie
- 1 mittelgroße Kartoffel (mehlig kochende Sorte)
- 2 Esslöffel Butter
- 1 Zweig Bohnenkraut
- 1 Bund Petersilie
- Salz, Pfeffer

Speck in feine Streifen schneiden und in der Butter anbraten. Zwiebel, Karotte und Sellerie würfeln, hinzufügen und einige Minuten unter Rühren andünsten. Dann die Erbsen mitsamt dem Einweichwasser dazugeben und offen zum Kochen bringen. Abschäumen, das Bohnenkraut hinzufügen und im geschlossenen Topf ca. eine Stunde köcheln lassen.

Nach etwa 1/2 Stunde die in Würfel geschnittene Kartoffel dazugeben. Wenn alle Gemüse gut weich sind, das Bohnenkraut entfernen, zwei Schöpflöffel der Suppe abnehmen, im Mixer pürieren und wieder hinzufügen. Die Suppe soll eine schön sämige Konsistenz erhalten. Mit Salz und frisch gemahlenem Pfeffer abschmecken und mit gehackter Petersilie bestreut servieren.

Serbische Bohnensuppe

Monika Zeller

Für 4 Personen:

250 g getrocknete weiße Bohnen
1 1/4 l Gemüsebrühe
1 Lorbeerblatt
2 Esslöffel Öl
2 Zwiebeln
1 Knoblauchzehe
5 Tomaten
2 Paprikaschoten
1 Teelöffel Cayennepfeffer
Salz
Basilikum
1 Esslöffel Essig
100 g Sahne

Die getrockneten weißen Bohnen über Nacht in Wasser einweichen. Zwiebeln würfeln, Knoblauchzehe zerdrücken, Paprikaschoten in Würfel schneiden und die Tomaten in heißes Wasser geben, anschließend häuten, Kerne entfernen und ebenfalls in Würfel schneiden.
Am nächsten Tag die Bohnen in der Gemüsebrühe mit dem Lorbeerblatt ca. 40 Minuten weich kochen.

In der Zwischenzeit Öl in einer Pfanne erhitzen. Die Zwiebeln, die Knoblauchzehe, die Tomaten und die Paprika andünsten. Das Gemüse zu den Bohnen geben und einige Minuten darin ziehen lassen. Abschmecken mit Cayennepfeffer, Salz, Essig und zum Schuß mit Sahne verfeinern und mit dem gehackten Basilikum bestreuen.

Hauptgerichte

Dicke Bohnen mit Speck

Für 4 Personen:

2 kg frische, grüne Puffbohnenhülsen
200 g geräucherten, durchwachsenen Bauchspeck mit Schwarte
1 kg Kartoffeln
3 Esslöffel Butter
1 Esslöffel Mehl
einige Zweige Bohnenkraut
Salz, Pfeffer

Schwarte vom Speck abschneiden. Puffbohnen aushülsen und die Kerne zusammen mit einem Zweig Bohnenkraut und der Speckschwarte in leicht gesalzenem Wasser in etwa 20-30 Minuten weich kochen. Danach Bohnenkraut und Schwarte entfernen und die Bohnen abgießen, dabei den Kochsud auffangen. Das Mehl in zwei Esslöffeln Butter hellblond anschwitzen, mit dem Kochsud aufgießen und zu einer sämigen Sauce kochen. Restliches Bohnenkraut fein hacken, mit den gut abgetropften Bohnen zur Sauce geben und mit Salz und Pfeffer abschmecken.

Alles zusammen nochmals aufkochen und warm halten. Kartoffeln schälen, je nach Größe der Länge nach halbieren oder vierteln und in Salzwasser weich kochen. Währenddessen den Speck in Würfel oder Streifen schneiden und in der restlichen Butter glasig braten. Bohnen und Kartoffeln anrichten, den Speck darüber geben und servieren.

Bohneneintopf mit Nudeln

Für 4 Personen:

250 g Trockenbohnen, über Nacht eingeweicht
250 g in mundgerechte Stücke gebrochene Bandnudeln
100 g geräucherter, magerer Bauchspeck
250 g Tomatenpüree
1 l ungesalzene Fleisch- oder Gemüsebrühe
2 mittelgroße Zwiebeln
2 Knoblauchzehen
2 Esslöffel Olivenöl
1 Lorbeerblatt
1 Zweig Bohnenkraut
1 Bund Petersilie
Salz, Pfeffer
Cayennepfeffer

Speck in Würfel schneiden und in Olivenöl anbraten. Zwiebeln und Knoblauch fein hacken, hinzufügen und glasig dünsten. Eingeweichte Bohnen abgießen und mit der Fleisch- oder Gemüsebrühe zur Zwiebel-Speckmischung geben. Offen zum Kochen bringen, abschäumen, Lorbeerblatt und Bohnenkraut hinzufügen und bei kleiner Hitze im geschlossenen Topf köcheln lassen, bis die Bohnen weich sind. Je nach Sorte und Alter dauert dies etwa 1 bis 1 1/2 Stunden.

Anschließend die Kräuter entfernen, zwei Schöpflöffel voll Bohnen mit etwas Kochflüssigkeit im Mixer pürieren und zusammen mit dem Tomatenpüree wieder in den Topf geben. Erneut zum Kochen bringen, mit Salz, frisch gemahlenem Pfeffer und einer Prise Cayennepfeffer kräftig abschmecken. Die Nudeln zugeben und in etwa zehn Minuten unter gelegentlichem Umrühren al dente kochen. Nochmals abschmecken und mit gehackter Petersilie bestreut servieren.

Chinakohlröllchen, gefüllt mit roten Linsen

Monika Zeller

Für 4 Personen:

20 g Butter
1 Bund Lauchzwiebeln
200 g Steinpilze
200 g rote Linsen
1/4 l Gemüsebrühe
1 Esslöffel Balsamicoessig
Salz, Pfeffer
1 kleiner Kopf Chinakohl

Für die Füllung die Lauchzwiebeln putzen, die grünen Enden abschneiden, den Rest fein würfeln und in Butter kurz andünsten. Die Steinpilze schneiden und mit den roten Linsen in den Topf geben, anschließend mit Gemüsebrühe aufgießen. zehn Minuten leicht köcheln lassen. Mit Salz, Pfeffer und Balsamicoessig abschmecken.

Vom Chinakohl die äußeren Blätter ablösen und und ca. zwei Minuten blanchieren. Nun auf die blanchierten Kohlblätter die Füllung geben und aufrollen. In einer Pfanne die Röllchen beidseitig goldbraun braten.

Diese Röllchen können auch mit Tomatensoße und Kartoffeln als Hauptgericht gereicht werden.

Bohnengulasch

Monika Zeller

Für 4 Personen:

500 g Schweinenacken
3 Esslöffel Öl
3 Zwiebeln
Salz, Pfeffer
1/4 l Fleischbrühe
500 g Bohnen, geputzt und geschnitten
150 g Sauerrahm
1 Esslöffel Kartoffelstärke
2 Esslöffel frisch gehacktes Bohnenkraut

Das Fleisch in kleine Würfel schneiden, in dem erhitzten Öl auf allen Seiten anbraten, mit Salz und Pfeffer würzen. Die Zwiebeln würfeln, hinzufügen und andünsten lassen. Anschließend mit Fleischbrühe aufgießen ca. 30 Minuten schmoren und die letzten zehn Minuten die Bohnen dazu und mitgaren. Am Schluß das Bohnengulasch mit Sauerrahm und Kartoffelstärke binden und leicht reduzieren. Das gehackte Bohnenkraut in das Gulasch einstreuen.

Zu diesem Bohnengulasch Salzkartoffeln servieren.

Linsen mit Spätzle

Für 4 Personen

- 250 g Linsen, über Nacht eingeweicht
- 4 Scheiben Rauchfleisch à 100 g
- 1 Bund Suppengrün (je ein Stück Karotte, Sellerie und Lauch)
- 1 Zwiebel
- 2 Esslöffel Butter oder Butterschmalz
- 1 Esslöffel Mehl
- Salz, Pfeffer
- Essig
- 250 g fertige Spätzle

Linsen im Einweichwasser zusammen mit dem gewürfelten Suppengrün und den Rauchfleischscheiben aufsetzen und weich kochen. Nach dem Ende der Kochzeit die Fleischscheiben herausnehmen und warm stellen. Die Linsen abgießen, dabei den Kochsud auffangen. Die Zwiebel fein hacken und in der Butter glasig dünsten. Mit dem Mehl bestäuben, einige Minuten unter ständigem Rühren goldbraun anrösten und mit dem Kochsud ablöschen.

Köcheln lassen, bis eine sämige Sauce entsteht, dann die Linsen zugeben, alles zusammen nochmals aufkochen und mit Salz, Pfeffer und Essig abschmecken. Mit frisch zubereiteten oder aufgewärmten Spätzle und den Rauchfleischscheiben anrichten und servieren.

Linsenküchle

Monika Zeller

Für 4 Personen:

250 g braune Linsen
1 Zwiebel
1 Karotte
1 Knoblauchzehe
1 Ei
Kräutersalz, Pfeffer
Frische Kräuter aus dem Kräutergarten (Rosmarin, Kerbel, Majoran, Estragon, Petersilie ...)

Die Linsen über Nacht in Wasser einweichen, am nächsten Tag das Wasser wieder abgießen. Die rohen Linsen, Zwiebeln, Karotte und Knoblauchzehe durch den Fleischwolf drehen oder pürieren. Die Masse würzen, die Kräuter, das Ei dazugeben und vermengen. Küchle formen, in Mehl wenden und in heißem Fett langsam braun braten.

Dazu Kräuterquark und gemischten Salat servieren.

Beilagen und Sonstiges

Erbsenpüree

Für 4 Personen

2 kg frische grüne Erbsenschoten
1 große, mehlig kochende Kartoffel
1 dl Doppelrahm (Crème double)
50 g Butter
einige Zweige Petersilie,
Salz, Pfeffer, Muskatnuss

Erbsen enthülsen, die Kartoffel schälen und in Würfel schneiden. Beides zusammen in wenig Salzwasser weich kochen. Die Kochzeit beträgt etwa 15 bis 20 Minuten. Währenddessen die Petersilie fein hacken.

Nach dem Ende der Kochzeit das Gemüse abgießen und durch ein Sieb streichen oder im Mixer pürieren. Butter und Doppelrahm unterziehen, mit Salz, frisch gemahlenem Pfeffer und einer Prise Muskatnuss abschmecken. Das Püree wieder in den Topf geben und auf kleiner Flamme unter ständigem Schlagen mit dem Schneebesen erwärmen. Die Petersilie untermischen und das Püree als Beilage zu gebratenem Fleisch servieren.

Erbsenhülse. Aus: F. Kunert (Hrsg.): Hampels Gartenbuch für Jedermann, S. 96.

Für vier Personen:

1 kg sehr zarte grüne Bohnen
1 dl Doppelrahm (Crème double)
2 Eigelb
eine Handvoll frisch geriebener Parmesan
ein Teelöffel Butter
ein Zweig Bohnenkraut
Salz, Pfeffer

Bohnengratin

Die Bohnen putzen und im Ganzen in reichlich Salzwasser knapp weich kochen. Bei jungen, zarten Hülsen dauert dies kaum zehn Minuten. Inzwischen eine flache Gratinform mit wenig Butter ausstreichen, Doppelrahm mit Eigelb mischen und mit Salz, Pfeffer und dem fein gehackten Bohnenkraut würzen. Den Backofen auf 220°C vorheizen.

Nach dem Ende der Kochzeit die Bohnen abgießen. Etwas von der Rahmmischung auf dem Boden der Gratinform verteilen, die gut abgetropften Bohnen einschichten, mit dem restlichen Rahm bedecken und den geriebenen Käse darüber streuen. Im heißen Ofen überbacken, bis sich eine goldgelbe Kruste gebildet hat.

Bohnenhülsen. Aus: F. Kunert (Hrsg.): Hampels Gartenbuch für Jedermann, S. 100.

Gemüse aus frischen Bohnenkernen

Für 4 Personen:

- 800 g frische Bohnenkerne
- 1 Dose (400 g) Pizzatomaten
- 1 Zwiebel
- 2 Knoblauchzehen
- 2 Esslöffel Olivenöl
- 2 Esslöffel Butter
- 1 Lorbeerblatt
- 1 Zweig Bohnenkraut
- eine Handvoll frische Salbeiblätter
- Salz, Pfeffer
- Cayennepfeffer

Frische, kurz vor der Vollreife geerntete Bohnenkerne werden in Deutschland auf dem Markt leider nicht angeboten, so dass nur Gartenbesitzer, die selbst Bohnen anbauen, in den Genuss dieser Köstlichkeit kommen können. Geerntet werden die Hülsen, wenn sie sich verfärbt und eine ledrige Haut bekommen haben. Die Samen sind dann voll entwickelt, aber noch zart. Die abgenommenen Hülsen lassen sich einige Tage an einem luftigen, schattigen Ort aufbewahren.

Frische Bohnenkerne werden nicht eingeweicht, sondern direkt nach dem Aushülsen in reichlich Salzwasser mit einem Lorbeerblatt und einem Zweig Bohnenkraut weich gekocht, was etwa 20 bis 30 Minuten dauert. Inzwischen bereitet man eine Tomatensauce zu: Zwiebel und Knoblauchzehen fein hacken und in Butter und Olivenöl glasig dünsten. Salbeiblätter in feine Streifen schneiden, zugeben und kurz anziehen lassen, dann die Pizzatomaten zugeben. Köcheln lassen, bis eine sämige Sauce entsteht, mit Salz, Pfeffer und einer Prise Cayennepfeffer pikant abschmecken. Weichgekochte Bohnen abgießen und nach dem Entfernen der Kräuter gut abgetropft zur Tomatensauce geben, durchmischen und nochmals abschmecken. Das Gemüse ist eine ausgezeichnete Ergänzung zu kurzgebratenem oder gegrilltem Fleisch ohne Sauce. Es kann auch mit Trockenbohnen zubereitet werden. Man nimmt dann nur die halbe Menge und weicht die Bohnen vor dem Kochen über Nacht ein.

Bohnenbündel im Speckmantel

Monika Zeller

800 g grüne Buschbohnen
12 Scheiben magerer Bauchspeck
Salz, Pfeffer
Bohnenkraut
60 g Butterschmalz

Die Bohnen putzen und in Salzwasser bißfest kochen. In Eiswasser abkühlen, damit die grüne Farbe erhalten bleibt. Den Speck flach auslegen, die Bohnen darauf verteilen und jedes Bündel mit dem Speck aufrollen (evt. die Bohnen an den Enden beidseitig abschneiden). Pfeffern, nicht mehr salzen, da der Speck genug Salz abgibt. Die Bohnen mit Bohnenkraut leicht bestreuen und in Butterschmalz anbraten bis der Speck knusprig ist.

Linsengemüse

Monika Zeller

300 g grüne Linsen
1/2 l Gemüsebrühe
1 Karotte
1 Stück Sellerie
1 kleine Petersilienwurzel
1 Zwiebel
2 Esslöffel Öl, 1 Esslöffel Essig, Salz, Pfeffer, Kümmel

Gemüse und Zwiebel in kleine Würfel schneiden und in Öl andünsten. Die Linsen dazugeben und mit der Gemüsebrühe auffüllen und ca. 15 Minuten weich kochen. Mit Salz Pfeffer, Essig und gemahlenem Kümmel abschmecken.
Variation: Mit roten Linsen, Tellerlinsen, Wild- oder Geflügelfond zum entsprechenden Fleisch reichen.

Anmerkungen

1 Vgl. Gustav Hegi: Illustrierte Flora von Mittel-Europa, Bd. IV, Teil 3, S. 1113 ff. sowie Oskar Sebald u. a.: Die Farn- und Blütenpflanzen Baden-Württembergs, Bd. 3, S. 288.
2 Vgl. Helmut Genaust: Etymologisches Wörterbuch der botanischen Pflanzennamen, S. 332.
3 Vgl. C. Fruwirth: Anbau der Hülsenfrüchte, S. 59.
4 Cajus Plinius Secundus d. Ä.: Naturkunde, Buch XVIII, § 120.
5 Julius Billerbeck: Flora classica, S. 185.
6 Vgl. Oskar Sebald u. a.: Die Farn- und Blütenpflanzen Baden-Württembergs, Bd. 3, S. 288.
7 Vgl. Stefanie Jacomet und Angela Kreuz: Archäobotanik, S. 279.
8 Zur Problematik der Zeitangaben nach der konventionellen ^{14}C-Methode im Vergleich zur dendrochronologischen Datierung s. Udelgard Körber-Grohne: Nutzpflanzen in Deutschland, S. 484 f.
9 Vgl. Udelgard Körber-Grohne: Nutzpflanzen in Deutschland, S. 138 f.
10 Vgl. Ludwig Keimer: Die Gartenpflanzen im alten Ägypten, Bd. II, S. 7.
11 Vgl. Helmut Genaust: Etymologisches Wörterbuch der botanischen Pflanzennamen, S. 489.
12 R. Fischer-Benzon: Altdeutsche Gartenflora, S. 96.
13 Adolph Friedrich Magerstedt: Der Feldbau der Römer, S. 328.
14 Cajus Plinius Secundus d. Ä.: Naturkunde, Buch XVIII, § 123.
15 Vgl. Udelgard Körber-Grohne: Nutzpflanzen und Umwelt im römischen Germanien, S.46 f. u. S. 60.
16 Vgl. Günther Frantz: Geschichte des deutschen Gartenbaues, S. 72.
17 Vgl. Heinz Brandsch: Die Landgüterverordnung, S. 94 ff.
18 Vgl. R. Fischer-Benzon: Altdeutsche Gartenflora, S. 96 f.
19 Gottfried Hertzka u. Wighard Strehlow: Die Küchengeheimnisse der Hildegard-Medizin, S.96.
20 Leonhart Fuchs: New Kreuterbuch, Cap. CCXL. Der von Fuchs verwendete Name Erweyssen, mittelhochdeutsch auch Erbis oder Erbeiss und das althochdeutsche araweiz, arawîz leiten sich ab von dem lateinischen ervum für Wicke bzw. dem verwandten griechischen órobos oder erébinthos für Kichererbse.
21 Jacobus Theodorus Tabernaemontanus: Neu vollkommen Kräuter=Buch, S. 884.
22 Ebd., S. 882 f.
23 Vgl. Bundessortenamt: Beschreibende Sortenliste Hülsenfrüchte, S.157.
24 Vgl. Johann Sigismund Elßholtz: Vom Garten=Baw, S. 179
25 Vgl. C. Fruwirth: Anbau der Hülsenfrüchte, S. 187.
26 Johann Sigismund Elßholtz: Vom Garten=Baw, S. 179 f. Niedrige Zuckererbsen mit den Sortennamen Nain de Grace und Chássis de Grace werden noch bei Vilmorin-Andrieux: The Vegetable Garden, S. 438 genannt.
27 Johann Sigismund Elßholtz: Vom Garten=Baw, S. 180.
28 Vgl. Gustav Hegi: Illustrierte Flora von Mittel-Europa, Bd. IV, Teil 3, S. 1612.

29 Vgl. Vilmorin-Andrieux: The vegetable garden, S. 390 ff.
30 Vgl. Bundessortenamt: Beschreibende Sortenliste Hülsenfrüchte, S. 162 ff.
31 Ebd., S. 157.
32 Vgl. Gustav Hegi: Illustrierte Flora von Mittel-Europa, Bd. IV, Teil 3, S. 1499 ff.
33 Ebd., S. 1376.
34 Udelgard Körber-Grohne: Nutzpflanzen in Deutschland, S. 357 f.
35 Ebd., S.359 f.
36 Ebd., S.353 ff.
37 Vgl. Sylvia Schoske u. a.: »Anch« Blumen für das Leben, S.30.
38 Vgl. Ludwig Keimer: Die Gartenpflanzen im alten Ägypten, Bd. II, S. 8.
39 Viktor Hehn: Kulturpflanzen und Hausthiere, S. 138.
40 Ebd., S. 138
41 Adolph Friedrich Magerstedt: Der Feldbau der Römer, S. 325.
42 Cajus Plinius Secundus d. Ä.: Naturkunde Bd. XXII, § 142.
43 Ebd., § 142 ff.
44 Cajus Plinius Secundus d. Ä.: Buch XVIII, § 123.
45 Vgl. Udelgard Körber-Grohne: Nutzpflanzen in Deutschland, S. 355.
46 Leonhart Fuchs: New Kreuterbuch, Cap. CCCXXXI.
47 Ebd., Cap. CCCXXXI.
48 Johann Sigismund Elßholtz: Vom Garten=Baw, S. 181.
49 J. F. Lippold: Taschenbuch des verständigen Gärtners, Bd. 1, S. 270
50 Vgl. Udelgard Körber-Grohne: Nutzpflanzen in Deutschland, S. 355 ff.
51 Vgl. C. Fruwirth: Anbau der Hülsenfrüchte, S. 62.
52 Georg Vogel: Handbuch des speziellen Gemüsebaues, S. 698.
53 Vgl. Gustav Hegi: Illustrierte Flora von Mittel-Europa, Bd. IV, Teil 3, S. 1513 f.
54 Vgl. Udelgard Körber-Grohne: Nutzpflanzen in Deutschland, S. 129.
55 Vgl. Stefanie Jacomet und Angela Kreuz: Archäobotanik, S. 279.
56 Ebd., S. 299.
57 Vgl. Udelgard Körber-Grohne: Nutzpflanzen in Deutschland, S. 124.
58 Vgl. Ludwig Keimer: Die Gartenpflanzen im alten Ägypten, Bd. II, S. 5.
59 Vgl. Udelgard Körber-Grohne: Nutzpflanzen in Deutschland, S. 125.
60 Harald Othmar Lenz: Botanik der alten Griechen und Römer, S. 728.
61 Adolph Friedrich Magerstedt: Der Feldbau der Römer, S. 316 f.
62 Vgl. Cajus Plinius Secundus d. Ä.: Buch XVIII, § 117.
63 Vgl. Adolph Friedrich Magerstedt: Der Feldbau der Römer, S. 317.
64 Vgl. Cajus Plinius Secundus d. Ä.: Buch XXI, § 70.
65 Vgl. Adolph Friedrich Magerstedt: Der Feldbau der Römer, S. 316.
66 Cajus Plinius Secundus d. Ä.: Buch XXII, § 140 f.
67 Vgl. Harald Othmar Lenz: Botanik der alten Griechen und Römer, S. 728.
68 Johann Heinrich Dierbach: Flora mythologica, S. 115.
69 Ebd., S. 115.
70 Ebd., S. 115.
71 Ebd., S. 116.

72 Adolph Friedrich Magerstedt: Der Feldbau der Römer, S. 310.
73 Ebd., S. 310.
74 Vgl. Helmut Genaust: Etymologisches Wörterbuch der botanischen Pflanzennamen, S. 243 und Duden: Etymologie. Herkunftswörterbuch der deutschen Sprache, S. 91.
75 Vgl. Duden: Etymologie. Herkunftswörterbuch der deutschen Sprache, S. 558.
76 Udelgard Körber-Grohne: Nutzpflanzen in Deutschland, S. 127.
77 Vgl. Leonhart Fuchs: New Kreuterbuch, Cap. CXLVI und Jacobus Theodorus Tabernaemontanus: Neu vollkommen Kräuter=Buch, S. 879.
78 Johann Sigismund Elßholtz: Vom Garten=Baw, S. 178.
79 Vgl. Gustav Hegi: Illustrierte Flora von Mittel-Europa, Bd. IV, Teil 3, S. 1557 f.
80 Udelgard Körber-Grohne: Nutzpflanzen in Deutschland, S. 120.
81 Karl u. Franz Bertsch: Geschichte unserer Kulturpflanzen, S. 163.
82 Vgl. Udelgard Körber-Grohne: Nutzpflanzen in Deutschland, S. 118.
83 Vgl. Bundessortenamt: Beschreibende Sortenliste Hülsenfrüchte, S. 143.
84 Udelgard Körber-Grohne: Nutzpflanzen in Deutschland, S. 114.
85 Ebd., S. 111.
86 Ebd., S. 114.
87 Ebd., S. 110.
88 Vgl. U. P. Hedrick, The Vegetables of New York, Vol. 1, Part II, S. 3.
89 Vgl. Karl u. Franz Bertsch: Geschichte unserer Kulturpflanzen, S. 158.
90 Leonhart Fuchs: New Kreuterbuch, Cap. CCLXIX.
91 R. Fischer-Benzon: Altdeutsche Gartenflora, S. 98.
92 Harald Othmar Lenz: Botanik der alten Griechen und Römer, S. 732.
93 R. Fischer-Benzon: Altdeutsche Gartenflora, S. 98.
94 Vgl. Udelgard Körber-Grohne: Nutzpflanzen in Deutschland, S. 103 f.
95 Vgl. Vilmorin-Andrieux: The vegetable garden, S. 39 ff.
96 Vgl. Bundessortenamt: Beschreibende Sortenliste Hülsenfrüchte, S. 9 ff.
97 Gustav Hegi: Illustrierte Flora von Mittel-Europa, Bd. IV, Teil 3, S. 1631.
98 Ebd., S. 1632 f.
99 Vgl. Bundessortenamt: Beschreibende Sortenliste Hülsenfrüchte, S. 16 f.
100 Vgl. Udelgard Körber-Grohne: Nutzpflanzen in Deutschland, S. 116 f.
101 Vgl. Gustav Hegi: Illustrierte Flora von Mittel-Europa, Bd. IV, Teil 3, S. 1638.
102 Vgl. C. Fruwirth: Anbau der Hülsenfrüchte, S. 226.
103 J. Becker-Dillingen: Handbuch des gesamten Gemüsebaues, S. 429.
104 Vgl. Gustav Hegi: Illustrierte Flora von Mittel-Europa, Bd. IV, Teil 3, S. 1638.
105 Vgl. Georg Vogel: Handbuch des speziellen Gemüsebaues, S. 658.
106 Vgl. C. Fruwirth: Anbau der Hülsenfrüchte, S. 226.
107 Georg Vogel: Handbuch des speziellen Gemüsebaues, S. 658.
108 Vgl. Bundessortenamt: Beschreibende Sortenliste Hülsenfrüchte, S. 142

109 Vgl. Roger Phillips u. Martyn Rix: Gemüse in Garten und Natur, S. 98 ff.
110 Vgl. Georg Vogel: Handbuch des speziellen Gemüsebaues, S. 661 ff.
111 Ebd., S. 666 ff.
112 Ebd., S. 691 ff.
113 Richard Pieper: Volksbotanik, S. 141.
114 Vgl. Heinrich Marzell: Bayerische Volksbotanik, S. 106.
115 Richard Pieper: Volksbotanik, S. 141.
116 Vgl. Siegfried Seligmann: Die magischen Heil- und Schutzmittel, S. 109.
117 Vgl. Richard Pieper: Volksbotanik, S. 142.
118 Vgl. Siegfried Seligmann: Die magischen Heil- und Schutzmittel, S. 35.
119 Ebd., S. 100.
120 Vgl. Richard Pieper: Volksbotanik, S. 141.
121 Ebd., S. 142.
122 Heinrich Marzell: Bayerische Volksbotanik, S. 153.
123 Vgl. Richard Pieper: Volksbotanik, S. 142.
124 Jacobus Theodorus Tabernaemontanus: Neu vollkommen Kräuter=Buch, S. 888.
125 Vgl. Heinrich Marzell: Bayerische Volksbotanik, S. 13.
126 Richard Pieper: Volksbotanik, S. 140.
127 Ebd., S. 140.
128 Jacobus Theodorus Tabernaemontanus: Neu vollkommen Kräuter=Buch, S. 888.
129 Siegfried Seligmann: Die magischen Heil- und Schutzmittel, S. 77.
130 Ebd., S. 77 f.
131 Vgl. Henriette Davidis, Küchen- und Blumengarten für Hausfrauen, S. 375.
132 Richard Pieper: Volksbotanik, S.149.
133 Heinrich Marzell: Bayerische Volksbotanik, S. 235.
134 Vgl. Mannfried Pahlow, Das große Buch der Heilpflanzen, S. 90 f.
135 Vgl. Heinrich Marzell: Bayerische Volksbotanik, S. 104 f.
136 Ebd., S. 23.
137 Ebd., S. 106.
138 Ebd., S. 125.
139 Vgl. Richard Pieper: Volksbotanik, S. 144.
140 Wilfried Steuer: Bäuerliche Wetterregeln, S. 32.
141 Ebd., S. 37.
142 Helene u. Otto Kostenzer: Alte Bauernweisheit, S. 21.
143 Wilfried Steuer: Bäuerliche Wetterregeln, S. 42.
144 Heinrich Marzell: Bayerische Volksbotanik, S. 105 u. Steuer, S. 54.
145 Wilfried Steuer: Bäuerliche Wetterregeln, S. 57.
146 Ebd., S. 66.
147 Ebd., S. 63.
148 Helene u. Otto Kostenzer: Alte Bauernweisheit, S. 32.
149 Heinrich Marzell: Bayerische Volksbotanik, S. 100.
150 Vgl. Helene u. Otto Kostenzer: Alte Bauernweisheit, S. 51.
151 Heinrich Marzell: Bayerische Volksbotanik, S. 100.
152 Vgl. Helene u. Otto Kostenzer: Alte Bauernweisheit, S. 52.
153 Vgl. Johann Sigismund Elßholtz: Vom Garten=Baw, S. 178 f.
154 Ebd., S. 180.
155 Vgl. Heinrich Marzell: Bayerische Volksbotanik, S. 101.
156 Vgl. Richard Pieper: Volksbotanik, S. 144.
157 Ebd., S. 148.

158 Heinrich Marzell: Bayerische Volksbotanik, S. 13.
159 Richard Pieper: Volksbotanik, S. 144.
160 Ebd., S. 143.
161 Ebd., S. 144.
162 Heinrich Marzell: Bayerische Volksbotanik, S. 42.
163 J. Becker-Dillingen: Handbuch des gesamten Gemüsebaues, S. 405.
164 Ebd., S. 408.
165 C. Fruwirth: Anbau der Hülsenfrüchte, S. 153.
166 Ebd., S. 152.
167 Vgl. Vilmorin-Andrieux: The vegetable garden, S. 438 f.
168 Ebd., S. 391 f.
169 Vgl. J. Becker-Dillingen: Handbuch des gesamten Gemüsebaues, S. 401.
170 Vgl. C. Fruwirth: Anbau der Hülsenfrüchte, S. 188.
171 J. Becker-Dillingen: Handbuch des gesamten Gemüsebaues, S. 404.
172 Vgl. Vilmorin-Andrieux: The vegetable garden, S. 27.
173 Vgl. C. Fruwirth: Der Anbau der Hülsenfrüchte, S. 213.
174 Vgl. J. Becker-Dillingen: Handbuch des gesamten Gemüsebaues, S. 433.
175 Ebd., S. 432.
176 Vgl. Vilmorin-Andrieux: The vegetable garden, S. 64.
177 Vgl. J. Becker-Dillingen: Handbuch des gesamten Gemüsebaues, S. 435.

Literaturverzeichnis

Album Benary: Alte Gemüsesorten, hrsg. von Jürgen Dahl. Nachdruck des zwischen 1876 und 1893 erschienenen Mappenwerkes. Waltrop, Leipzig 2000.

Brandsch, Heinz (Hrsg.): Die Landgüterverordnung Kaiser Karls des Großen. Capitulare de villis vel curtis imperii Caroli Magni. Berlin 1990.

Becker-Dillingen, J.: Handbuch des gesamten Gemüsebaues. 2. neubearbeitete Aufl. Berlin 1929.

Bertsch, Karl u. Franz: Geschichte unserer Kulturpflanzen. Stuttgart 1947.

Billerbeck, Julius: Flora classica. Leipzig 1824.

Böttner, J.: Praktische Gemüsegärtnerei, 5., verbesserte u. vermehrte Aufl. Frankfurt a. d. Oder 1907.

Bundessortenamt (Hrsg.): Beschreibende Sortenliste Gemüse - Hülsenfrüchte. Hannover 1993.

Davidis, Henriette: Küchen- und Blumengarten für Hausfrauen. 12. Aufl. Iserlohn 1879.

Dierbach, Johann Heinrich: Flora mythologica oder Pflanzenkunde in Bezug auf Mythologie und Symbolik der Griechen und Römer. Frankfurt 1833.

Duden: Etymologie. Herkunftswörterbuch der deutschen Sprache. 2. völlig neu und erweiterte Aufl. von Günther Drosdowski. Duden Bd. 7. Mannheim, Leipzig, Wien, Zürich 1989.

Elßholtz, Johann Sigismund: Vom Garten=Baw oder Unterricht von der Gärtnerey. 3. Druck Berlin, Leipzig, Cölln an der Spree 1684.

Erhardt, Walter. u. a.: Zander. Handwörterbuch der Pflanzennamen. 16. Aufl. Stuttgart 2000.

Fischer-Benzon, R.: Altdeutsche Gartenflora. Leipzig 1894.

Franz, Günther (Hrsg.): Geschichte des deutschen Gartenbaues. Deutsche Agrargeschichte Bd. VI. Stuttgart 1984.

Fruwirth, C.: Anbau der Hülsenfrüchte. 2. umgearbeitete Aufl. Berlin 1914.

Fuchs, Leonhart: New Kreuterbuch. Basel 1664.

Genaust, Helmut: Etymologisches Wörterbuch der botanischen Pflanzennamen. 3. vollst. überarbeitete und erweiterte Aufl. Basel, Boston, Berlin 1996.

Germer, Renate: Die Pflanzen des alten Ägypten. Berlin-Dahlem 1986.

Hedrick, U. P.: The Vegetables of New York. Vol.1, Part II: Beans. Report of the New York State Agricultural Experiment Station. 1931.

Hegi, Gustav: Illustrierte Flora von Mittel-Europa, Bd. IV/3. Teil, Dicotyledones, 2. Teil, Leguminosae - Tropaeolaceae. Unveränderter Text-Nachdruck der 1. Aufl. 1924. München 1964.

Hehn, Viktor: Kulturpflanzen und Hausthiere in ihrem Übergang aus Asien nach Griechenland und Italien sowie in das übrige Europa. Berlin 1870.

Heinitz, Krafft von; Merckens, Georg: Das biologische Gartenbuch. 6. völlig neubearbeitete Aufl. Stuttgart 1994.

Hertzka, Gottfried; Strehlow, Wighard: Die Küchengeheimnisse der Hildegard-Medizin. Freiburg 1985.

Jacomet, Stephanie; Kreuz, Angela: Archäobotanik. Stuttgart 1999.

Keimer, Ludwig: Die Gartenpflanzen im alten Ägypten, Bd. II, hrsg. von Renate Germer. Mainz am Rhein 1984.

Körber-Grohne, Udelgard: Nutzpflanzen und Umwelt im römischen Germanien. Waiblingen 1979.

Dies.: Nutzpflanzen in Deutschland. Kulturgeschichte und Biologie. 3. unveränderte Aufl. Stuttgart 1994.

Kostenzer, Helene u. Otto: Alte Bauernweisheit. Rosenheim o. J.

Kunert, F. (Hrsg.): Hampels Gartenbuch für Jedermann. 4. vermehrte und verbesserte Aufl. Berlin 1909.

Lange, Theodor: Allgemeines illustriertes Gartenbuch, Bd. II. 3. Aufl. Leipzig 1902.

Lenz, Harald Othmar: Botanik der alten Griechen und Römer. 1859.

Lippold, J.F.: Taschenbuch des verständigen Gärtners, 1. Bd. Stuttgart und Tübingen 1824. (Deutsche Übersetzung von: Pirolle: Le Bon Jardinier, 1821/22).

Magerstedt, Adolph Friedrich: Der Feld- Garten und Wiesenbau der Römer. Sondershausen 1862.

Marzell, Heinrich: Bayerische Volksbotanik. Volkstümliche Anschauungen über Pflanzen im rechtsrheinischen Bayern. Nürnberg 1925.

Pahlow, Mannfried: Das große Buch der Heilpflanzen. Augsburg 1999.

Phillips, Roger; Rix, Martyn: Gemüse in Garten und Natur. Aus dem Englischen von Ilse und Peter Menzel. München 1994.

Pieper, Richard: Volksbotanik. Unsere Pflanzen im Volksgebrauche, in Geschichte und Sage, nebst einer Erklärung ihrer Namen. Gumbinnen 1897.

Plinius Secundus d. Ä., Cajus: Naturkunde, Buch XVIII. Botanik: Ackerbau. Hrsg. und übersetzt von R. König in Zusammenarbeit mit J. Hopp u. W. Glöckner. Zürich 1995.

Ders.: Naturkunde, Bücher XXI/XXII. Medizin und Pharmakologie: Heilmittel aus dem Pflanzenreich. Hrsg. und übersetzt von R. König in Zusammenarbeit mit G. Winkler. München und Zürich 1985.

Reichelt, K. u. Nicolaisen, N.: Die Praxis des Gemüsebaues. Berlin 1931.

Schmeil, Otto: Lehrbuch der Botanik. 39. Aufl. Leipzig 1918.

Schoske, Sylvia u. a.: »Anch« - Blumen für das Leben. Pflanzen im alten Ägypten. Ausstellungskatalog München 1992.

Sebald, Oskar u. a. (Hrsg.): Die Farn- und Blütenpflanzen Baden-Württembergs, Bd. 3: Spezieller Teil, Droseraceae bis Fabaceae. Stuttgart 1992.

Seligmann, Siegfried: Die magischen Heil- und Schutzmittel aus der belebten Natur: das Pflanzenreich. Berlin 1996.

Steuer, Wilfried: Bäuerliche Wetterregeln. 2. überarbeitete Aufl. Bad Buchau 1982.

Tabernaemontanus, Jacobus Theodorus: Neu vollkommen Kräuter=Buch. Basel 1731.

Vilmorin-Andrieux: The vegetable garden. English edition London 1885.

Vogel, Georg: Handbuch des speziellen Gemüsebaus. Stuttgart 1996.

Das Schwäbische Bauernhofmuseum Illerbeuren liegt etwa zwölf Kilometer südwestlich von Memmingen im Tal der Iller. Es ist das Freilichtmuseum für das bayerische Schwaben und das Allgäu. Träger der schon 1955 eröffneten Einrichtung ist ein Zweckverband, dem der Bezirk Schwaben, der Landkreis Unterallgäu und der Heimatdienst Illertal e.V. angehören.

Das Museum veröffentlicht, meist im Rahmen von Ausstellungen und Sonderausstellungen, Begleitbände und Bücher, auf die Sie hier aufmerksam gemacht werden sollen.

Kettemann, Otto, Ursula Winkler (Hrsg.): Die Iller. Geschichten am Wasser von Noth und Kraft. 2. erw. Aufl. Kronburg-Illerbeuren 2000. Format: 29,7 x 21 cm, 336 Seiten, 45,00 DM, ISBN 3-931915-05-0.

Götz, Karin: Allium. Die Küchenzwiebel und ihre Verwandten. Kulturpflanze des Jahres 2000 im Bauernhofmuseum. Kronburg-Illerbeuren 2000. Format: 14,8 x 21 cm, 96 Seiten, 18,50 DM. ISBN 3-931915-04-2.

Kettemann, Otto (Hrsg.), Helga Hoffmann (Red.): Droben im Allgäu, wo das Brot ein End' hat. Zur Kulturgeschichte einer Region. Kronburg-Illerbeuren 2000. Format: 29,7 x 21 cm, 512 Seiten, 64,00 DM. ISBN 3-931915-03-4.

Hoffmann, Helga: Engel. Sammlung Johann Fischer aus Engeldorf. Kronburg-Illerbeuren 1998. Format: 20 x 21 cm, 60 Seiten, 16,80 DM. ISBN 3-931915-02-6.

Hoffmann, Helga: Revolution, Randale und Reformen. Bauernbefreiung in Bayerisch-Schwaben vor 150 Jahren. Kronburg-Illerbeuren 1998. Format: 20 x 21 cm, 59 Seiten, 19,00 DM. ISBN 3-931915-01-8.

Miller-Gruber, Renate: Ländliches Schwaben. Bilder des Freilichtmalers Lambert van Bommel. Kronburg-Illerbeuren 1997. Format: 20 x 21 cm, 72 Seiten, 25,00 DM. ISBN 3-931915-00-X.

Fassl, Peter, Ermengard Hlawitschka: Schwäbische Dörfer. Architekturzeichnungen aus zwei Jahrhunderten. Kronburg-Illerbeuren 1995. Format: 20 x 21 cm, 84 Seiten, 12 DM. ISBN 3-9802236-8-X.

Irion, Susanne, Michael Kamp: Zeit(t)räume. Eine Landgemeinde zwischen Eisenbahnanschluß und Dorferneuerung. Kronburg-Illerbeuren 1995. Format: 20 x 21 cm, 164 Seiten, 19,80 DM, ISBN 3-9802236-7-1.

Mai, Monika: Kleidung. Bestandskatalog des Schwäbischen Bauernhofmuseums Illerbeuren. Kronburg-Illerbeuren 1994. Format: 29,7 x 14,8 cm, 252 Seiten, 29,80 DM, ISBN 3-9802236-5-5.

Kettemann, Otto: Kleiner Begleiter durch das Schwäbische Bauernhofmuseum Illerbeuren. Kronburg-Illerbeuren 1994. Format: 21 x 12 cm, 71 Seiten, 6,00 DM, ISBN 3-9802236-4-7.

Laferton, Siegfried: Heinzen. Heutrocknungsgestelle begleiteten die Entwicklung der Allgäuer Grünlandwirtschaft. Kronburg-Illerbeuren 1992. Format: 20 x 21 cm, 100 Seiten, 6,50 DM, ISBN 3-9802236-3-9.

Bauer, Gudrun: Die Entwicklung der Vorratshaltung auf dem Land. Kronburg-Illerbeuren 1991. Format: 20 x21 cm, 59 Seiten, 9,80 DM, ISBN 3-9802236-1-2. Derzeit vergriffen.
Dazu ist erschienen: Handreichung für Lehrerinnen und Lehrer. Preis: 2,00 DM.

Kettemann, Otto (Hrsg.): Landschaft in Schwaben. Zeitgenössische Malerei. Kronburg-Illerbeuren 1989. Format: 20 x 21 cm, 68 Seiten, 6,50 DM, ISBN 3-9802236-0-4.

Scharrer, Werner: Der Grieshof. Zur Geschichte eines Bauernhauses und seiner Bewohner. Kronburg-Illerbeuren 1988. Format: 20 x 21 cm, 48 Seiten, 3,00 DM.

Marunde. Kronburg-Illerbeuren 1988. Format: 20 x 21cm, 8 Seiten, 1,50 DM.

Heimatdienst Illertal e.V. (Hrsg.): Kunstsinn und Erfindergeist im Bauernhofmuseum. Das Bauernhofmuseum Illerbeuren. Memmingen 1968. Format: 19 x 23,8 cm, 80 Seiten, 24,00 DM.